ISBN 978-0-259-17029-7
PIBN 10694340

# Francisco Antonio de Bances y Lopez-Candamo

ESTUDIO BIO-BIBLIOGRÁFICO Y CRÍTICO

POR

Francisco Cuervo-Arango y González-Carvajal,

ABOGADO Y DOCTOR EN LETRAS



MADRID
IMPRENTA DE LOS HIJOS DE M. G. HERNÁNDEZ
Libertad, 16 duplicado, bajo.
1916

I.—INTRODUCCIÓN

II.—BIOGRAFÍA

III.—OBRAS DIDÁCTICAS

IV.—OBRAS LÍRICAS

V.—OBRAS DRAMÁTICAS

VI.—EPÍLOGO

# Introducción.

El trabajo que presento es propio mío y no lo es. Eslo, en cuanto a la investigación; y no lo es, en cuanto que poco nuevo se puede decir de un autor ya enaltecido por la fama.

Siempre tuve deseo de estudiar a Bances Candamo, por ser la principal gloria literaria de la villa en que nací; y es hora de cumplir mi deseo.

La investigación histórica, que pudiera ser la parte más útil de este estudio, tropieza en mí con los mayores obstáculos; puesto que Bances, aunque nació en Avilés, se educó en Sevilla, vivió mucho tiempo en Madrid y murió en Lezuza (provincia de Albacete). Así es que Avilés no conserva de él ninguna noticia directa, ni la partida de nacimiento, como haré notar. También me mueven á estudiarle los escasos trabajos hechos acerca de este autor; la pluralidad de nombres que algunas de sus obras reciben, y, sobre todo, la *dispersión bibliográfica* de las mismas.

Si se exceptúan algunos autógrafos, poco valor tienen los manuscritos que de Bances conserva la Biblioteca Nacional. La razón es que casi todos son copias, no bien hechas siempre; pues a pesar de ser casi innumerables sus escritos (dice su primer biógrafo Río Marín), "el destroço de ellos pendió del ningún sossiego que le dexaron sus empleos: en cada ciudad le quitaban los papeles; de suerte que si quería tenerlos, bolvía á escrivirlos". Los que quedaron en la villa de San Clemente, ya diré al hablar de su testamento, que los legó al Duque de Alba. Recogidos por D. Luis de Mergelina, se remitieron al Duque de Montellano (entonces Presidente de Castilla), "que los embió a su dueño, en vn caxon, que tendría dos resmas de papel; y aunque después se procuró vna copia, no tuvo efecto, quedando sepultados en eterno olvido con la muerte impensada de este gran Príncipe".

En efecto, dice Huerta (1) que debieron perderse o extraviarse, puesto que él compró "en precio de dos reales de vellón varios de estos originales en que se comprenden seis cantos del *César africano* y algunos quadernillos de una obra Política y de otra Histórica, ambas doctamente escritas".

Por este medio adquirió Río Marín, amigo también del poeta, los manuscritos que utilizó para imprimir en 1720 las *Obras lyricas* (2), de las que se tratará en su lugar.

También en lugar oportuno pondré lo que ocurrió con los manuscritos dramáticos, impresos en *Poesías cómicas* de 1722; algunos lo habían sido antes de esta fecha, y otros lo fueron posteriormente.

Digo lo mismo, aunque tuvo menos *dispersión*, de su

(1) D. Vicente García de la Huerta.—«Theatro Hespañol».—Comedias heroycas, tomo I.—Madrid.—Imprenta Real, 1785, página 195.

(2) D. Cayetano Alberto de la Barrera y Leyrado.—«Catálogo bibliográfico y biográfico del teatro antiguo español, desde sus orígenes hasta mediados del siglo XVIII»; premiada por la B. N. en 1860.—Rivadeneyra.—Indice de piezas y de autores.—*Candamo* (sic), págs. 64 a 68.

obra didáctica *Theatro de los theatros* que conservó Gayangos.

Como se ve, ofrece Bances diversos aspectos como literato (prescindo de él como hacendista): es *didáctico*, es *lírico* y es *dramático*. Pero su principal mérito está en el último carácter.

El editor de sus *Obras lyricas*, que fué también su primer biógrafo, dice haber visto las siguientes obras de Bances, de muchas de las cuales hoy no queda ni vestigio:

"1. Reglas y método de formar vna Librería selecta, al Excelentíssimo señor Duque de Alva, en cuyo aplauso se hiço el *soneto 29*. (*No se conocen.*)

2. El Teatro Español, Discursos Histórico-Político-Christianos, en que se justifica el indecente horror de los Espectáculos, y Fiestas Romanas, y Griegas, y la decente diversión de las comedias Españolas, en folio. (Es el "*Theatro de los theatros*".)

3. Discurso sobre el origen y consistencia de las Rentas Reales, causa de su deterioración, y motivos de su restablecimiento, en fol. (*No se conoce.*)

4. Consultas al Consejo de Hazienda. (*No se conoce.*)

5. Funeral de Honras, que la insigne ciudad de Baeça hiço a la Magestad de el Señor Carlos II (que está en gloria) y fiestas a la aclamación del Rey nuestro Señor Phelipe V (que Dios guarde), en quarto. (*No se conoce.*)

6. Culto del verdadero Dios, continuado desde Adám, hasta la venida de Nuestro Señor Jesu Christo, fuera del Pueblo de los Hebreos, dos tomos en fol. (*No se conoce.*)

7. El Cesar africano, Carlos V. Poema Heroyco, de que el año 1700 tenía escrito hasta el canto 9. (*Se conservan 195 octavas reales.*)

8. Comedias, veinte y quatro, quatro Autos Sacramentales, y otras obras Dramáticas, Sacras, y Profanas, que tienen mas de quinientos pliegos. (*Se conservan bastantes.*)

9. Las obras Lyricas presentes, y otras que dexó

imperfectas (como la Chrónica de Carlos II. Raguallos (?) de la Monarchia Española, y algunas que corren en nombre ageno)." (*Se conservan en parte.*)

---

He creído conveniente poner aquí esta lista de producciones, por ser de todo género; y para no mezclarlas con las obras líricas, en su apartado especial. Como se ve, los números 3 y 4 se refieren al Bances hacendista, aspecto que únicamente interesa para la biografía al señalar sus empleos (1).

---

Figura tan notable en el terreno de las Letras es acreedora a detenido estudio.

El presente es muy sencillo: Una biografía, lo más sintética posible, que he procurado documentar, por si algún investigador quiere conocer directamente las fuentes biográficas del poeta avilesino; una reseña fiel del fondo y forma de cada producción literaria, y un epílogo crítico.

Para las obras dramáticas seguiré el orden alfabético de títulos, y después de la bibliografía irá un extracto del argumento. Unicamente pondré algunos trozos, para facilitar la crítica al lector, y daré mayor extensión a algunas piezas de las más notables en cada género.

Van intercaladas varias fotografías (2) concernientes

(1) Con gusto hubiera dado aquí el contenido de esos dos escritos, pero no me ha sido posible encontrarlos, y creo fundadamente que se han perdido con otras producciones del poeta.

(2) El inteligente fotógrafo de Avilés, Sr. Ibarra, mi querido compañero D. Ramón Gil Michel y el Sr. Ochoa, han realzado mi trabajo con el suyo.

a mi estudio, algunas de las cuales son de hermosos autógrafos del poeta, cuya firma tengo el gusto de publicar por primera vez. Y se añaden al final las partituras (1) que acompañaron algunas de sus obras, para que el lector se forme cabal idea de la música del teatro en esta época.

---

(1) Al venerable D. Felipe Pedrell deben mis lectores la música del teatro de Bances. Agotado el tomo V del «Teatro lírico español anterior al siglo XIX», en que se había publicado, tuve que acudir al maestro Pedrell, que, bondadoso, me proporcionó las partituras.

## AUTÓGRAFO 1.º

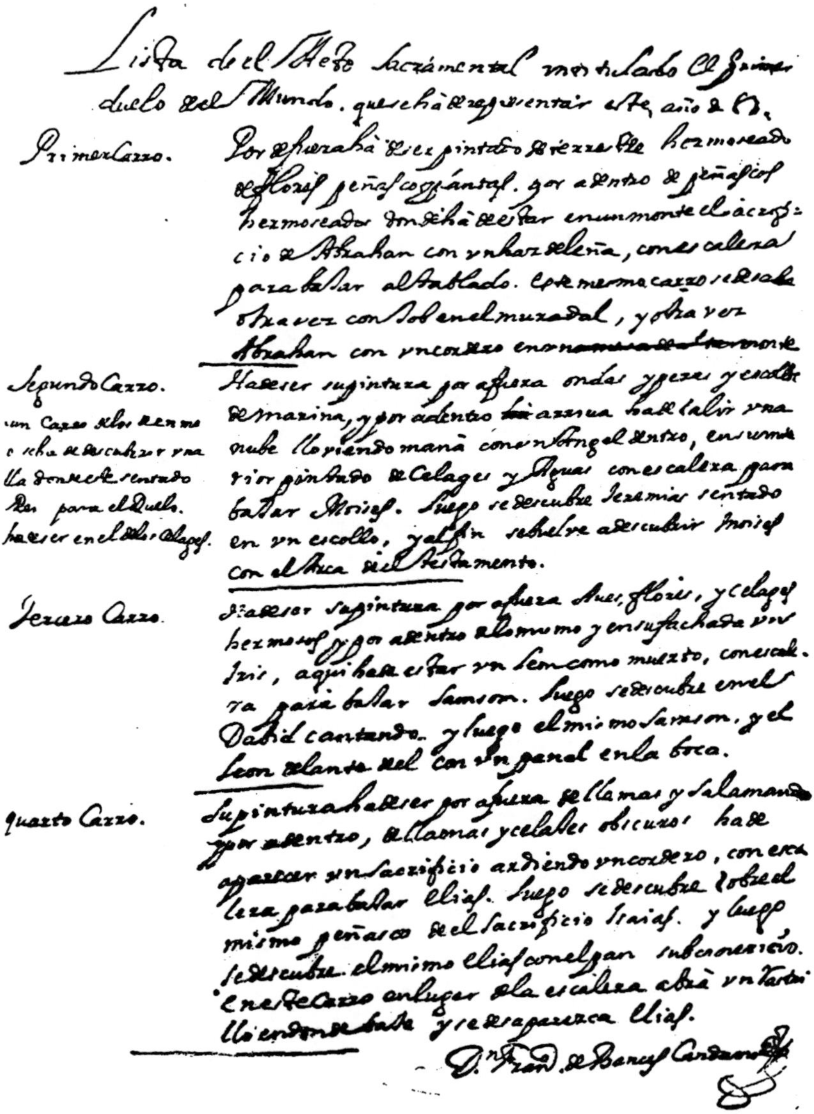
Lista del Aucto sacramental intitulado El primer duelo del Mundo. que se ha de representar este año de 83.

Primer Carro. Por defuera ha de ser pintado de tierra hermoseado de flores, peñascos y plantas. por adentro de peñascos hermoseado donde ha de estar en un monte el sacrificio de Abrahan con un haz de leña, con escalera para baxar al tablado. Este mesmo carro se ha de abrir otra vez con Abel en el muradal, y otra vez Abrahan con un cordero en [illegible] monte

Segundo Carro. Ha de ser su pintura por afuera ondas y peces y escollos de marina, y por adentro [illegible] azul ha de salir una nube lloviendo maná con un Angel dentro, en su medio [illegible] pintado de celages y Aguas con escalera para baxar Moises. luego se descubre Jeremias sentado en un escollo, y al fin se buelve a descubrir Moises con el Arca del Testamento.

[illegible] Carro de los [illegible] se ha de descubrir una [illegible] donde este sentado [illegible] para el Duelo. ha de ser en el de los celages.

Tercero Carro. Ha de ser su pintura por afuera Aves, flores, y celages hermosos, y por adentro lo mesmo y en su fachada un Iris, aqui ha de estar un leon como muerto, con escalera para baxar Samson. luego se descubre en el David cantando. y luego el mismo Samson, y el Leon delante del con un panal en la boca.

Quarto Carro. Su pintura ha de ser por afuera de llamas y salamandras por adentro, de llamas y celages obscuros. ha de aparecer un sacrificio ardiendo un cordero, con escalera para baxar Elias. luego se descubre sobre el mismo peñasco del sacrificio Isaias. y luego se descubre el mismo Elias con el pan subcinericio. En este carro en lugar de la escalera abra un [illegible] lloviendo de baxo y se desaparezca Elias.

D.n Fran.co de Bances Candamo

Del Archivo municipal de Madrid.—(Sign. 2-199-3.)—Es indiscutible, por llevar la firma del poeta.

## II

# Biografía.

Difícil parece reunir en breve sinopsis toda la labor de los biógrafos de Bances Candamo (1). Desde el primero de ellos, que fué D. Julián del Río Mar'n (2), hasta Canella (3), García San Miguel (4) y Arias (5);

(1) No debe culparse a los biógrafos la variación de apellidos de que es objeto el poeta. Debió firmarse de varios modos. La partida de defunción dice *Candamo y Bances;* algunos, como Mesonero Romanos, le llaman *Bancés;* y no faltan quienes, como Gil de Zárate y Ticknor, le llamen *Cándamo*. Como luego probaré, sus verdaderos apellidos son: *De Bances* y *López-Candamo*.

(2) Al tratar de las «Obras Lyricas» notaré cómo después del prólogo del impresor comienza en el fol. I numerado la vida del poeta. Esta es la fuente de los demás biógrafos.

(3) D. Fermín Canella y Secades, citado a su vez por García San Miguel.

(4) D. Julián García San Miguel.—«Avilés.—Noticias históricas».—Madrid, viuda de Minuesa de los Ríos, 1897, págs. 324 y 325.

(5) D. David Arias.—Trabajo premiado en los Juegos florales de Avilés en 1892; sección de «Hombres notables de Avilés».

con el lapso intermedio en que escriben su vida, ya copiando, ya haciendo conjeturas sobre ella. García de la Huerta (1), Mesonero Romanos (2), La Barrera (3) y Fuertes Acevedo (4); siempre aparecen puntos comunes y notables divergencias entre unos y otros, respecto de la biografía que me ocupa.

El encuentro primero de opiniones es acerca del origen del poeta, pues mientras unos (como La Barrera, Huerta, Ticknor) (5) afirman que era ilustre, otros le suponen de familia humilde (Acevedo, García San Miguel, Arias). ¿De dónde proviene esta divergencia? Tal vez de lo que algunos suponen autobiografía de Bances, en lo que se basó ya el primer biógrafo.

Pero téngase en cuenta que en el *Romance al Señor Almirante de Castilla* (6) no pretendió biografiarse sino más bien lucir sus orígenes, que debía tener muy estudiados, a la vez que atacó rudamente a sus enemigos.

Pongo, para que se juzgue, el trozo que puede dar lugar a discusión:

---

(1) Op. cit, pág. 196.

(2) «Dramáticos posteriores a Lope de Vega».—Bibl. de AA. españoles, t. 49.—Madrid.—Rivadeneyra, págs. XVI sigs.

(3) Op. loc. cit.

(4) D. Máximo Fuertes Acevedo.—«Bosquejo acerca del estado que alcanzó la Literatura en Asturias, seguido de una extensa bibliografía de los escritores asturianos».—Badajoz. La Industria, Felipe Mesía, 1885.

[Hace un estudio por siglos, dedicando a cada uno un capítulo. Después va una noticia bibliográfica extensa de las obras de cada autor.—Al tratar el siglo XVII habla de Bances, pág. 96 y sigs.]

(5) M. G. Ticknor, «Historia de la Literatura española, traducida al castellano, con adiciones y notas críticas», por D. Pascual de Gayangos y D. Enrique de Vedia —Madrid.—Rivadeneyra, 1854, t. III, pág. 99 y sigs.

(6) Aparte de la edición de «Obras Lyricas» (1720) que le contiene, pág. 63, he visto dos manuscritos del mismo en la Biblioteca Nacional, contenidos en los tomos 5 y 13 del «Parnaso español». En esta misma biografía hablaré de ellos.

(Signs. mss. 3.916 y mss. 3.921 actualmente.)

"Noble cuna me dió Asturias
en el solar primitivo
donde a vuestros ascendientes
hicieron reyes los míos.
Hidalgo a prueva de dones
fuy forzado en auinizios
antes que fuesen christianos
muchos que no lo han creído.
El cauallero de Banzes,
de quien mi origen derivo
en mil memorias de marmol
se le rebela al olbido.
Sus glorias desde la guerra
que hizo a Sion Saladino
dan a la embidia gusanos
dan polilla a los archivos.
De Candamo el solar yaze
sobre el monumento antiguo
donde Jupiter Candamio
humazos le dio al Olimpo.
Deydad de Astur, a las gentes
tal vez en los sacrificios
entre los humos del ruego
se perdió desvanecido.
Bustos, Valdeses, Mirandas,
Alas, y otros apellidos
los costados contra todo
vil pecho me han guarnecido."

Pero esta misma producción da muestra de que el poeta era pobre, puesto que al comenzar dice:

"Los vienes que nunca tuve
me parece que he perdido;
poderosamente pobre
me hago en lo mucho que envidio."

Lo repite en muchas de sus poesías líricas. De esto sólo parece deducirse que, aun cuando fuese de muy noble origen remoto, era de origen próximo humildísimo, lo cual es muy compatible.

Confirma lo dicho la partida de defunción de su padre, que reproduzco del libro parroquial de Sabugo:

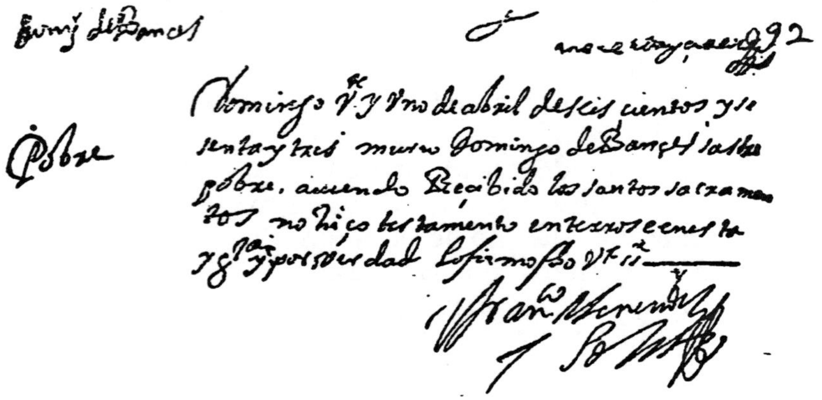

Por esto encuentro acertadísimo el comentario que Fuertes Acevedo (1) pone a Ticknor, al decir:

"Si por *caballero* entiende Ticknor que era de noble origen e hidalgos sentimientos, nada más cierto; pero si quiere expresar, como parece, que a su hidalguía reunía bienes de fortuna que le hacían un *caballero*, se equivoca; el poeta Candamo no heredó de su pobre padre (2) más que un nombre honrado y un corazón noble y generoso."

Queda fuera de duda el punto controvertido.

Hidalgo empobrecido, "vió la primer luz en el lugar de Sabugo... (3), Jurisdicción de Avilés, a 26 de Abril

---

(1) Op. loc. cit.

(2) Nada se sabe de su madre, fuera del nombre y apellido. De haber muerto en Sabugo pudiera ser la que consta en el libro parroquial como enterrada en 1678. Dice así la partida:

«A últimos de otubre enterré a María López, pobre de solemnidad. Recivió los sacramentos y lo firmo de mi nombre.—Andrés G. Pola=». No es difícil sea ella, pues pudieron suprimir la segunda parte del apellido López-Candamo. Fuera de ésta no hay partida que pueda ser la suya. Doble apoyo, de ser así, de la pobreza de cuna del poeta.

(3) Parece que se confundió el biógrafo que habla del «concejo de Grado»; porque Sabugo está lejos de Grado, y, según cree D. David Arias (muy conocedor de la Historia local), nunca perteneció a su concejo.—Me dice este erudito señor lo que sigue: «En los padrones de vecindad que se hicieron en esta villa para la dis-

del año de 1662. Renaciendo en las Sagradas aguas del Bautismo, el día 4 de Mayo" (1).

He buscado la partida de bautismo; pero de ella no queda vestigio alguno (2). Seguramente la conoció el primer biógrafo, puesto que él ha facilitado los datos que otros copiaron luego y que se pueden reducir al árbol siguiente (3):

---

tinción y calificación de la nobleza, hidalguía y pecheros en los años de 1615, 1629, 1638 y 1662, no se incluyen más territorios que los de Avilés, Castrillón e Illas, que todavía formaban parte del antiguo y próspero *Alfoz* de Avilés. Ya se había desmembrado la parte de Carreño, que también formaba parte de Avilés».

(1) Esto y lo que sin más citas va entrecomado respecto a biografía, es de Río Marín, loc. cit.

(2) La amabilidad del actual párroco de Sabugo D. Manuel Monjardín, me permitió una buena requisa en el libro parroquial más antiguo que conserva. He aquí el resultado: Comienza con varios márgenes de hojas perdidas por el tiempo, por no tener portadas, como muchos libros parroquiales de entonces. La primera hoja existente comienza con una partida bautismal de 4 de noviembre; Siguen otras del mismo mes, otra de septiembre, dos de diciembre, y termina el año. Depués aparece ya la cifra 1663. Llevan firma del párroco Francisco Menéndez Solís.

Por unos meses de diferencia, no contiene este libro la partida de Bances Candamo. No se culpe a nadie de su falta. Es inverosímil que hayan arrancado las hojas primeras, al menos para conservarlas; han debido corroerse.

(3) No quiero atribuirme cosas ajenas. He de consignar que estos datos de Río Marín (que van *al pie de la letra)* los vi por primera vez en forma de árbol en un trabajo de D. Eduardo Serrano, premiado en los Juegos florales de Avilés en 1904. Este Sr. Serra no era hijo del que fué Presidente de la Diputación de Oviedo; murió en la flor de la juventud, y su muerte nos privó sin duda del que hubiera sido investigador notable.

## DE BANCES

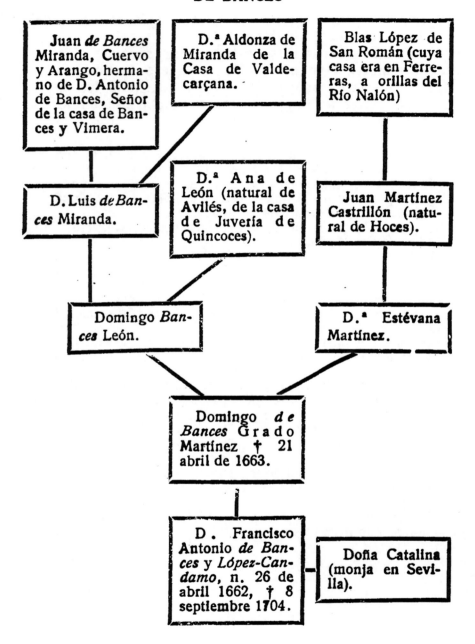

Juan *de Bances* Miranda, Cuervo y Arango, hermano de D. Antonio de Bances, Señor de la casa de Bances y Vimera.

D.ª Aldonza de Miranda de la Casa de Valdecarçana.

Blas López de San Román (cuya casa era en Ferreras, a orillas del Río Nalón)

D. Luis *de Bances* Miranda.

D.ª Ana de León (natural de Avilés, de la casa de Juvería de Quincoces).

Juan Martínez Castrillón (natural de Hoces).

Domingo *Bances* León.

D.ª Estévana Martínez.

Domingo *de Bances* Grado Martínez † 21 abril de 1663.

D. Francisco Antonio *de Bances* y *López-Candamo*, n. 26 de abril 1662, † 8 septiembre 1704.

Doña Catalina (monja en Sevilla).

## LÓPEZ-CANDAMO

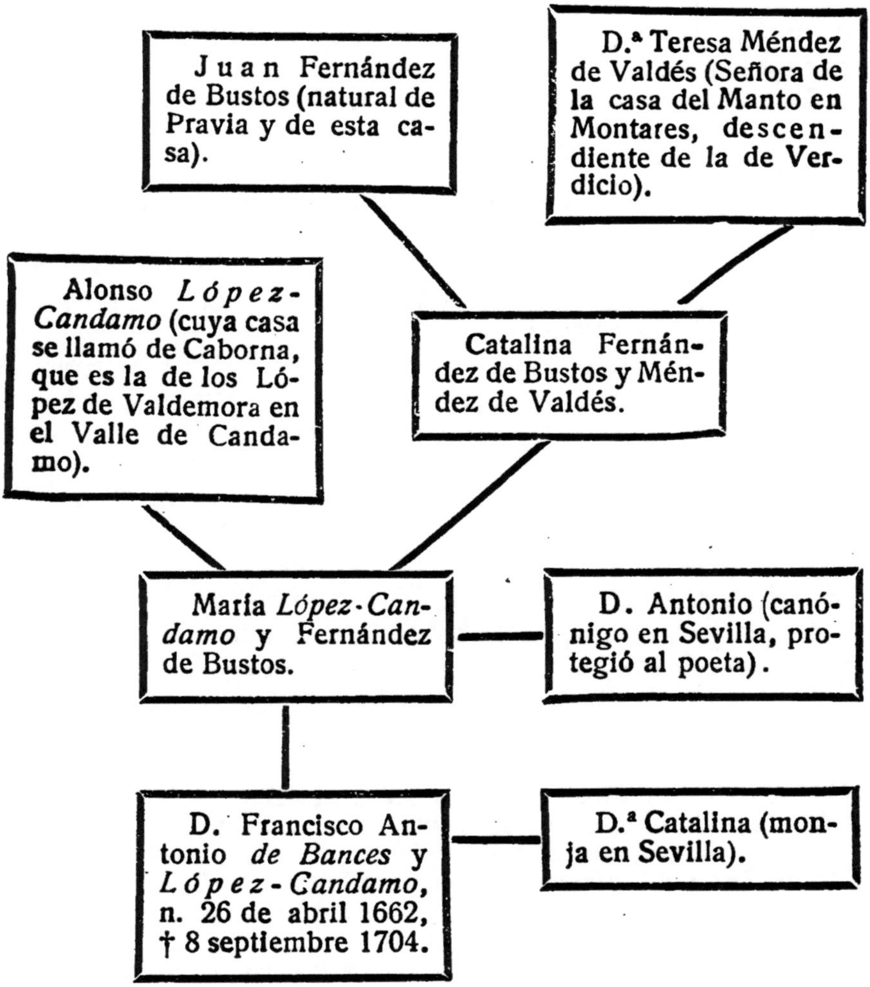
Juan Fernández de Bustos (natural de Pravia y de esta casa).
D.ª Teresa Méndez de Valdés (Señora de la casa del Manto en Montares, descendiente de la de Verdicio).
Alonso *López-Candamo* (cuya casa se llamó de Caborna, que es la de los López de Valdemora en el Valle de Candamo).
Catalina Fernández de Bustos y Méndez de Valdés.
María *López-Candamo* y Fernández de Bustos.
D. Antonio (canónigo en Sevilla, protegió al poeta).
D. Francisco Antonio *de Bances* y *López-Candamo*, n. 26 de abril 1662, † 8 septiembre 1704.
D.ª Catalina (monja en Sevilla).

La Barrera no añade dato alguno a la primera biografía; no hace más que pulirla de estilo y conjeturar en algunas partes de ella, es cierto que verosímilmente. No tienen más visos de verdad las conjeturas del Sr. García San Miguel, que dice al hablar de Avilés y Bances: "dando nombre a la calle en que pasó los primeros años de la vida" (1).

Suponiendo esto cierto, diré que vivió algunos años en Avilés; y "de corta edad le enviaron sus padres (2) a Sevilla... a la dirección de Don Antonio Lopez Candamo (canónigo de aquella Santa Cathedral Iglesia) su tío, hermano de Doña María su madre".

En Sevilla hizo estudios, amparado por su *tío* el canónigo, y recibió órdenes menores el 16 de Diciembre de 1672, es decir, a la corta edad de diez años.

Era a la sazón Arzobispo de Sevilla D. Ambrosio Ignacio Spínola y Guzmán, y tenía de Obispo auxiliar a D. Melchor Escuda, Obispo de Utica, que fué quien confirió las órdenes al joven estudiante.

Río Marín dice que estudió Filosofía y "fenecida" estudió Leyes; pero que habiéndole faltado "los que le alimentaban y le favorecían, no pudo proseguir estudios" No se aviene del todo esta opinión con la de Mesonero

---

(1) En virtud de instancia presentada por D. Juan Alvarez en sesión de 8 de Enero de 1892, sobre variación del nombre de algunas calles, y que quedó sobre la mesa, se acordó en sesión de 15 de Enero del mismo año, que la calle de «Atrás» de Sabugo sea conocida en lo sucesivo con el nombre de «Bances Candamo».

Sin datos ciertos ni tradición alguna, se dió el nombre a la antigua calle de «Atrás», en la que solían y aun suelen vivir gentes pobres y muchos marineros; a diferencia de la llamada «Alante» (*adelante*, hoy de la Estación), donde vivían gentes más pudientes.

No está mal, puesto que Bances era de clase humilde, y pocas más calles tenía entonces Sabugo.

(2) Esto dice Río Marín (loc. cit.), y no parece exacto. Murió su padre cuando Bances tenía un año, y no es de creer que antes de cumplirlo le mandasen ya a Sevilla *sus padres*. Probablemente, viuda y pobre su madre, se acogió al hermano canónigo, al que envió el niño.

Romanos (1) que afirma "concluyó en Sevilla una brillante carrera". Y, sin embargo, creo más aceptable la del último, por estar más en consonancia con lo que se lee en el manuscrito del *Theatro de los theatros* (2):

"En cuanto a ser lego (como algunos dicen), más será por defecto de entedimiento que de estudios, no habiéndolos dejado de la mano toda mi vida (aunque ha sido poca), con la aplicación, que, los que me conocen, sauen.

Los dos artículos de hecho en que reside esta duda, son más de mi profesión que de las escuelas, por haber sido ésta la de las letras humanas, antigüedad y todo género de historia, aunque mal conseguida, pues asegurar que he profesado esta facultad no es alabarme de hauer aprovechado en ella. Lo primero es trabajo mío que nadie lo puede sauer sino yo. Lo segundo será fortuna, y ésta está en mano de los que lo juzgaren. En lo que toca a la decisión de la questión, tampoco pertenece más ésta a la theología que a *los Sacros cánones, cuia facultad profesé, reciuiendo en ella el grado de Doctor;* tantos son los authores canonistas que tratan de esta materia como los theólogos, y qualquiera de los dos Tribunales es competente, pues lo que la sagrada theología disputa, los Sacros cánones deciden."

(Puede verse otro párrafo a este propósito, que va en la sección de "Obras didácticas".)

Esta propia confesión parece resolver toda duda. Debió estudiar bastante, y así lo estimó después al decir (3):

---

(1) Op. loc. cit.

(2) Véase en la «Revista de Archivos, Bibliotecas y Museos» (1901).

Ms. de la Bib. Nac. 17.459, del que hablaré luego, párrafo 46.

(3) En el ya citado «Romance al Señor Almirante de Castilla».

"Estudios de algunos años
sirven sólo en mis conflictos
de dar a lo desdichado
más fuerza con lo instruído."

(Al tratar del *Theatro de los theatros*, "Obras didácticas", va un trozo en que dice que estudió durante diez años.)

Muerto el Arzobispo y su tío el canónigo D. Antonio; y habiendo dejado a su hermana Catalina, monja "en el Religiosísimo Convento de las Vírgenes de Sevilla", llegó a la Corte, donde ya tenía fama de buen poeta castellano y latino. Dice Fr. Pablo Yáñez de Avilés (1), que le oyó "versos latinos, imitando los virgilianos".

No solamente manifestó esta dote que le daba fama, sino también "su eloquencia en los Gavinetes, y su numen en las academias y los Teatros". Era "apuesto galán de dos varas menos tres dedos de alto, grueso, cara redonda, barbinegro, muy apacible en el trato, liberal, cortés, ingenioso, gracioso en el hablar, generoso en despreciar émulos y chismosos, y fuerte de corazón y de ánimo". Todo lo cual hacía que se le quisiese; por eso, pronto se cautivó las simpatías de cuantos le trataban, aunque no le faltasen envidias, como queda dicho.

Conviene notar aquí, relacionándole con lo anterior, un hecho que todos los biógrafos cuentan, si bien con diversos comentarios. Me refiero a la herida del pecho, que recibió poco después de llegado a la Corte. Dícese que la recibió en duelo; y ponen algunos como causa de ella unas relaciones amorosas, fruto de las cuales nació su hijo natural en 27 de febrero de 1691. Esto no es posible, a lo menos en lo que toca a esa aventura concreta, puesto que en 1683 "convalecido" ordenó el Rey en Real decreto (9 de noviembre, a D. Manuel de Lira) se le diesen "mil ducados de renta, de gastos secretos, y que se le pagasen con puntualidad".

---

(1) En la «*Censura*» a la 1.ª edición de «Obras lyricas», como puede verse en el capítulo que dedico a éstas.

Más probable es lo que dicen otros (1), que creen tuvo por causa la herida, cierta sátira política; pero no contenida en el *Esclavo en grillos de oro*, pues en esta obra dramática no se halla, al menos de un modo visible, sátira política alguna; y aunque la sátira se aguza muchas veces con las circunstancias, la fecha de 1692 en que tuvo su estreno tal comedia deshace toda duda.

La propia confesión que hace al hablar de la guerra que se hacía al Teatro (aducida por Mesonero a otro propósito), tal vez permite fijar alguna época de la vida de Bances en Madrid. Dice... "no pudieron formarse tres compañías de comediantes para solemnizar las fiestas del matrimonio de Carlos con María Luisa de Orleans en 1679" (2).

Como parece que narra sucesos locales muy conocidos, puede ser que estuviese en Madrid cuando ocurrían. Entonces, puede fijarse la fecha de su herida entre los años de 1679 y 83.

Sea lo que se quiera, ya a la edad de ventiún años era reconocido autor dramático; y tal el aprecio en que se le tuvo, que durante su enfermedad "concurrió toda la Nobleza a su casa lastimada de su riesgo", y el Rey Carlos II preguntaba a diario por él "embiándole cirujanos que apurasen el arte, la doctrina y la experiencia", entre los cuales estaba Julián de Heredia. Nada tiene de extraño que gentes nobles se interesasen por él, cuando él mismo confiesa haberlas tratado mucho (3).

La atención del Rey llegó a hacer "atajar la calle de Alcalá" y también a "enarenar... el frente de la casa

---

(1) La Barrera (op. cit.) citando a Montiano en sus «Notas para el uso de la sátira», impresas en el t. II de «Memorias literarias de la Academia sevillana de buenas letras». Sevilla, 1843.

(2) Lo dice Bances en el *Theatro de los Theatros*, al refutar (por la ocasión en que escribía su obra) al P. Camargo.

(3) Ya recordaré la escena (que le ocurrió yendo con un «gran Príncipe»), con aquel que hacía sonetos, en el *Theatro de los Theatros*. Legó sus escritos al Duque de Alba, D. Antonio Martín de Toledo.

en que habitaba" en aquella calle, dice Mesonero Romanos (1).

De su vida en los años siguientes, poco se puede referir. Consta que vivía en Madrid y que seguía escribiendo para el teatro.

En 15 de Noviembre de 1685 se representaba ante las personas Reales, en el Palacio del Buen Retiro, la comedia *Por su Rey y por su dama* o *Más es el ruido que las nueces*, que según Durán (2) se llamó también *El sitio y máscaras de Amiens* o *La toma de Amiens*. Esta obra debió ser la primera palatina de Bances, que pusieron en escena las compañías de López y Mosquera, a los años de Leopoldo I de Alemania.

En 16 de julio del año 1686 había muerto en el asalto de Buda D. Manuel Diego de Zúñiga, al que dedicó el "Romance Heroyco *II*".

En un documento del archivo de Palacio (3), sección de *Espectáculos públicos y privados*, se lee el decreto siguiente:

> —1686.—"Real decreto de S. M. la Reina: A D. Francisco Candamo, que escribió la comedia de *El Sitio de Buda*, hago merced de 200 ducados de vellón de ayuda de costa por esta vez. Daréis orden que se le libren en mi tesorería. Rubricado de su Magestad en Madrid a 6 de Diciembre de 1686. Al Marqués de Mancera."
>
> "Don Juan Alvarez de Peralta, contador y grefier de S. M.: tendreislo entendido para hacer el libramiento en la forma que se acostumbra.
>
> Del aposento a 8 de Diciembre de 1686. El Marqués de Mancera."

---

(1) Op. cit —En ninguna de sus obras habla Mesonero de la casa en que vivió Bances.—V. p. ej. «Descripción de Madrid» —Antonio Yenes, 1854—, donde da curiosos detalles de Lope, Calderón ..., etc ... En 1691 se sabe que vivía en Torrecilla de Leal.

(2) D. Agustín Durán.—«Catálogo de antiguos dramas españoles».

(3) Pueden verse las copias de estos documentos en el t. *x* de «Memorias de la Real Academia Española», por D. Cristóbal Pérez Pastor. Madrid, 1910.- «Noticias y documentos relativos a la Historia y Literatura españolas», pág. 18 y sigs.

Y, en efecto, coincide con la fecha que lleva la primera edición, de la que hablaré en su lugar, dedicada en Madrid a la Reina madre Doña Mariana de Austria. Fué la primera representación el 15 de Noviembre de 1686, a los años del Emperador, en el saloncete (no en el coliseo) del Buen Retiro, por las compañías de Rosendo López y Manuel de Mosquera. Las que se hicieron en el coliseo del mismo Buen Retiro, fueron el 19 de noviembre y otros varios días siguientes ante el pueblo.

El 1687 fué sin duda el de mayor producción dramática de Bances.

El célebre auto sacramental de *El primer duelo del mundo,* con su loa y mojiganga, y con el entremés del *Astrólogo tunante,* se estrenó (con los de otros autores) ante los Reyes en el Real Palacio el 29 de mayo; el 30 ante el consejo de Castilla, y en días sucesivos ante los demás consejos y la villa.

El 21 de septiembre de 1687 se estrenó la comedia *El mayor monstruo de amor* en el saloncete del Buen Retiro, como fiesta a los años del Duque de Orleans, padre de la Reina. Debió representarse varios días, pues el 22 de octubre la compañía de Simón Aguado la representó al pueblo en el coliseo del mismo Buen Retiro. Creo que esa comedia sería la de *Cuál es la fiera mayor entre los monstruos de amor,* que es la misma llamada *Fieras de celos y amor,* como zarzuela (1). No se había representao antes; sin duda se puso entonces como nueva, y luego se dedicó "a las felicíssimas vodas del Exmo. Sr. Duque de/ Osuna con la Exma. S.ª D.ª María Fernandez/ de Velasco y Tovar Benavides y Guzmán". (Trátase del sexto Duque, Don Francisco de Paula Téllez-Girón, que casó hacia el 1692). El estreno era, pues, de 1687.

Para celebrar el santo y el natalicio del Rey (4 y 6 de noviembre), estuvieron durante muchos días ensayando las dos compañías de Simón Aguado y Agustín Manuel

(1) Consta que es la misma al fin del ms.—Véase el de la B. N. mss. 16.811 que es copia, de 1712 por lo menos, pues el papel está sellado al margen con este año.

de Castilla, dos comedias: una, titulada *Guerras de celos y amor,* de D. Matías de Ayala, que se había de hacer el día de San Carlos (4 de noviembre); y otra, *Duelos de ingenio y fortuna,* de Bances, que se estrenaría el día del cumpleaños (6 de noviembre). El día 4 no se representó la prevenida, y sí el día 6 (probablemente por una de las casi continuas dolencias del Rey), por lo cual quedó la de Bances para el día 9. Como era de gran aparato, hubo ensayos de ella desde el 11 de octubre y siguieron los ocho primeros días de noviembre; el 8 ensayo general; se estrenó el 9 en el saloncete del Buen Retiro. Tenía loa (1), sainete y fin de fiesta, nuevos también (2).

Del almacén de la Villa, o archivo municipal de Madrid, son los documentos (3) que siguen:

> "... Mas se le han de hacer buenos 3.000 reales que pagó, a D. Francisco Candamo y D. Jacinto Yañez, que escribieron los autos sacramentales, loas, entremeses y mojigangas, porque aunque se les dieron 4.400 reales por mitad, los 1.400 reales restantes los pagó D. Francisco Narvayza, Mayordomo de propios, y se incluyeron en la libranza de los gastos que corrieron por su mano." (Relación de gastos.)

(Sigue nota del mismo año 1687 en que se habla de la música para los autos; seguramente para alguno de Bances, pues dice:

> ..."...a Juan de Sequeyra, músico (4), por la

---

(1) La nota de los ensayos es una de las inéditas que debo a la amabilidad del Sr. Cotarelo y Mori.—Véase en la B. N. ms. 16.591.—Fueron del mismo año y se imprimieron con ella la loa, el entremés de *La audiencia de los tres alcaldes* y los dos bailes *El flechero rapaz* y *Bailete de fin de la fiesta.*

(2) Al describir la cortina, se lee que llevaba un reloj pintado, con el número 26 que era el de los años que el Rey cumplia.—Prueba terminannte de la fecha, porque Carlos II había nacido en 1661.

(3) Este primer documento puede verse en Pérez Pastor, op. loc. cit. Archivo municipal (2-199-3).

(4) Véase en el Archivo municipal de Madrid el legajo citado.

composición de la música de los dos autos sacramentales...".)

"En Madrid a 20 de Abril de 1687... en la posada del illmo. Sr. D. Gil de Castejón... Acordose se haga consulta a S. Mgd. se sirba de elexir los autos que sean de repressentar este pressente año proponiendo en ella dos autos de los que dejó escriptos Dn. Pedro Calderón que se intitulan *A María el corazón*, y *Mística y Real Babilonia* = y quatro *nuebos* el dho de Dn. Franco. Candamo que se intitula *el Primer duelo del mundo*, y el de *la mayor hedad del hombre*, de D. Antonio Zamora, *Jedeon humano y divino*, de Dn. Jacinto Yañez y el *Divino Aquiles* que dejó escripto Dn. Melchor de León"

Los de la Junta del Corpus preferían a Calderón, y, sin embargo, habían dicho al Rey con fecha 1.º de abril:

"Y para en caso que V. Mgd. se sirba mandar que por alentar injenios se hagan nuebos, sean visto algunos, y se alla ay quatro que se pueden repressentar que son *el primer duelo del mundo* de Dn. Francisco Candamo..."

Oficio al Sr. D. Gil de Castejón:

"Haviendo puesto en las Rs. manos de su Mgd. la consulta de la Junta de las fiestas del corpus, de 20 deste mes en que daua quenta de los autos sacramentales que se podrían representar este año, se ha servido su Mgd. de Mandar se representen el que escriuió Dn. Franco. Candamo intitulado *el primer duelo del mundo* y el de D. Jacinto Ibañez que se intitula *Gedeón humano y divino*. Y assí lo participo a V. S. para que la Junta se halle con esta noticia. Gde. Dios a V. S. Merindad de Madrid y Abril 24 de 1687.= Fdo. de Oropesa" (?).

Llevaba loa y mojiganga, y como entremés el de *El astrólogo tunante*.

---

Se ponen las compañías que representaron los autos; eran las de Agustín Manuel de Castilla; y la de Simón Aguado, que llevaba como músico a Juan de Sequeyra.

(Aunque Pérez Pastor pone fecha de 1687 al *Gran químico del mundo* y *Las mesas de la fortuna*, no he podido encontrar el documento. Creo que esté confundido, como diré más adelante.)

Parece que en 1688 ocurrió la muerte de Pedro de Mena y Medrano; y por lo tanto a ese año corresponderá el romance heroico III, composición de Bances a una imagen de la Magdalena el día de la muerte de su artífice (1).

El 89 murió la Reina María Luisa de Orleans, en 12 de febrero, y se cerraron los teatros durante doscientos diez días; nada pudo estrenar en las tablas, máxime siendo las palatinas las suyas. Pero habiéndole escrito D. Antonio de Zamora un romance en que le advertía la triste nueva, contestó desde Baeza con otro muy sentido (2).

En 1690 debió escribir su célebre obra didáctica *Theatro de los theatros*, según el Sr. Cotarelo (3), que asigna ese año al ms. y le da por autógrafo. De esto ya me ocuparé.

Del mismo año 90 es una *Silva*, de sus obras líricas.

El año 1691, el 18 de enero, se representó *El duelo contra su dama*, como fiesta "a los años de la Archiduquesa" (madre de la nueva Reina), a las tres de la tarde, por la compañía de Agustín Manuel de Castilla.

Fruto ilegítimo de sus amores, fué D. Félix Leandro

---

(1) Véase el ms. 3921 de la Biblioteca Nacional, fol. 197.—Mena, era discípulo de Alonso Cano; había nacido en Granada en 20 de Agosto de 1628, y murió el 13 de octubre de 1688.—Consta así en el reciente estudio de D. Ricardo de Orueta y Duarte, titulado «La vida y la obra de Pedro Mena y Medrano».—Madrid 1914. Blass y Cía.—La partida de defunción va en nota en la pág. 91.

(2) Véase el ms. 5862 de la B. N. del que ya trataré.—Como es de contestación a Zamora y éste tenía otro romance, sin duda se confundió el censor Fr. Pablo Yañez de Avilés al decir que «se aplicó a Candamo un romance de D Antonio de Zamora».

(3) D. Emilio Cotarelo y Mori.—«Bibliografía de las controversias sobre la licitud del teatro en España», premiada por la B. N.—Madrid, 1904, pág. 73.

José, que vino al mundo en 27 de febrero de 1691 en Madrid (1)

(El siguiente documento es del Archivo de Madrid-2-198-17.)

Reunida la Junta del Corpus en casa del Protector D. Gil de Castejón, en 16 de Mayo de 1691...

"se acordó se haga la consulta proponiendo en ella los dos autos de Dn. Pedro Calderón que se intitulan *el Maestrazgo del Toisón*, y *Siquis y Cupido*, y los *nueuos* cuyos títulos son *el gran químico del mundo*, y *las Mesas de la fortuna* escriptos por Dn. Franco. Candamo..."

"Señor: En ejecución de Real Orden de V. M. se han visto los autos sacramentales que *nuevamente* se han escrito por algunos ingenios para la próxima fiesta del Corpus; y de ellos son los mexores en los bersos y luçimiento del tablado, *El Gran chimico del mundo y Las Messas de la Fortuna*, compuestos por Don Francisco Candamo; pero reconociendo la junta que los de Don Pedro Calderón son los primeros en la aceptación común; le ha parecido dar cuenta a V. M., son mui aproposito para representarse (según los sujetos de que se componen las compañías) *El Maestrazgo del Toisón* y *Siquis y Cupido*, que ha más de treinta años se hicieron, sin que en este tiempo se hayan repetido.—V. M. mandará lo que sea más de su Real agrado.—Madrid 17 de Mayo de 1691."=Rubricado de los individuos de la Junta.=

---

(1) En el libro registro de la Iglesia de S. Sebastián de Madrid, consta la siguiente partida:

«En la Iglesia Parrochial de San Sebastián de esta Villa de Madrid, en siete días de marzo de mil seiscientos y noventa y un años: Yo el licenciado Dn. Phelipe Martinez Calderon, Theniente Cura de esta dicha Iglesia, Bauticé á Felix, Leandro, Joseph, que nació en veinte y siete días del mes de Febrero, de dicho año, hijo de Dn. Francisco de Banzes, que vive Torrecilla de Leal. Fué su padrino Joseph de Arroyo y le advertí el parentesco espiritual. Y lo fiermé.—Dn. Phelipe Martz. Calderón.»

(Todo esto quedó sin efecto, puesto que el documento último del légajo pone:

..."...para las fiestas del Corpus: *que no vbo por la muerte de la Reyna nra. S.ª que está en el zielo*".)

(Aquí se ve claramente la equivocación de fechas del Sr. Pérez Pastor.)

Las piezas secundarias eran *de rúbrica* (1) en esta clase de representaciones. Así *El gran químico del mundo* llevó como entremés el de *Las visiones* y le precedió la *loa.*

El domingo 10 de junio de 1691 se celebró en Madrid un certamen en honor de la canonización de San Juan de Dios, en el claustro del convento-hospital de Nuestra Señora del Amor de Dios y Antón Martín. Bances se llevó uno de los premios (2).

La compañía de Agustín Manuel de Castilla representó el 20 de noviembre de 1692 la célebre comedia *El esclavo en grillos de oro.* El mismo año, la misma compañía estrenó el 22 de diciembre en el Buen Retiro *Cómo se curan los celos,* o sea *Orlando furioso,* en fiesta al cumpleaños de la Reina Madre Doña Mariana de Austria.

La tan renombrada compañía dramática que voy citando, puso en escena el 18 de enero de 1693 (a las tres de la tarde) la comedia nueva *La piedra filosofal,* fiesta a los años de la Duquesa de Baviera.

Las preeminencias que gozó por sus escritos y su nombre en el turbulento y triste reinado de Carlos *II,* hicieron que las envidias hacia él fuesen grandes, hasta hacerle buscar destinos fuera de la Corte.

Así fué nombrado administrador de rentas de la villa de Cabra (en 1694), donde estuvo muy breve tiempo.

En octubre del mismo año 94 recibió el nombramien

---

(1) En cuanto a la forma de representar los autos sacramentales hasta 1705, véase Mesonero Romanos—«Panorama matritense»—«Obras completas», t. I, pag. 332.

(2) Véase la composición en el capítulo titulado «Obras líricas». de este libro.

to de "visitador general de alcavalas, tercias, cientos y millones de las ciudades de Córdoba, Sevilla, Tesorería de Málaga, Xeréz, San Lucar, Gibraltar y Ronda, con jurisdicción amplísima; en cuyo empleo... procedió con tanto desinterés hacia sí y tanto empeño al Real servicio, que restituyó aquellas Rentas... a su primer valor, poniéndolas en tanto crédito y en tan excesivo aumento, que el año de 1697 pudieron sufrir la puja del quarto".

"Durante este empleo, por Mayo de 1695 se quexó asperamente el Marqués de Valparayso, governador de Ceuta, del mal estado de provisiones de aquella plaza, sitiada por Muley Ismein, Rey de Mequinez..." y fué enviado Bances a reconocer las provisiones del asentista del presidio de Ceuta, "y dar planta regular a su distribución y consumo"; ayudando también a la defensa de la plaza. Por todo esto mereció grandes ponderaciones del Marqués de Valparaíso, en carta al Rey, de 26 de agosto de 1695.

Y "no sólo puso en estado la consistencia de aquella guarnición; pero atendiendo a su mayor alivio, en la seguridad de los heridos, y enfermos, fundó Hospitales de San Juan de Dios (1), en aquel Presidio, poniendo en ellos, cuanto fué necessario a la curación de los enfermos (como antes avía hecho en Gibraltar) y executado lo referido con grande caridad, celo, desinterés y afecto al Real servicio, passó a la Costa a mantener lo que avía dejado prevenido".

Los sonetos VII y *VIII* llevan fechas de julio de 1695.

"Fenecido su empleo, bolvió a la Corte, y no obstante aver manejado tantos caudales y goçar grandes sueldos, llegó más alcançado, que salió de ella; pues el mismo día se le prestó para comer."

Debió ocurrir esto tal vez el mismo año 1695 o el siguiente, puesto que "en 1.° de Abril de 1697 fué nombrado, por el consejo de Hacienda, administrador ge-

---

(1) Se ve que había tomado cariño a esta benéfica institución, acaso desde la canonización del Santo fundador; aunque en aquel concurso (como ocurre con los trabajos de tema) no se inspirase mucho el poeta.

neral de Rentas Reales de la Villa de Ocaña y su Partido, atrassadas y corrientes, y Suddelegado del contravando". Allí escribió el Romance *I*, que va fechado en Ocaña en 15 de septiembre de 1697 (1).

Que en Ocaña lo hizo bien, se echa de ver en sus *Consultas al Consejo de Hacienda*, que recogió en París el Marqués de Villadarias y devolvió a España. Cobró allí más del 39 de doblones atrasados; y como prueba de su excesiva honradez, dícese que "no cobró el seis por ciento, porque no venía expresado en las órdenes".

En 1698 escribió, según parece, el *Romance al Señor almirante de Castilla*, del que ya hice mención. El manuscrito (2) pone "febrero de 1698"; y otro ejemplar lleva el título siguiente:

> "*Papel de Dn.* Francisco Candamo *quejándose al Almirante* (3) *de Castilla del Duque de Medina Sidonia y de otros ministros por hauerle deguelto* (sic) *de la superintendencia de Ocaña.*"

No se trata de un epígrafe inventado, sino que (puesto o no por el autor) coincide con el fondo del *Romance*, como lo prueban los versos:

> "De esta suerte me han tratado
> donde me habeis remitido
> ya Duque, sin sueldo he estado
> condenado y aun precito.
> Sin conocer yo a Medina
> me mandasteis vos servirlo..."

Trato de depurar fechas y de deshacer en lo posible una contradicción que existe entre las biografías que corren y las obras de Bances.

Está fuera de duda que escribió el *Romance* después de volver de su destino en Ocaña, que había co-

---

(1) Véase el ms. 2.248 de la B. N. fol. 32 vuelto. Le creo autógrafo.—(Va fotograbado.)

(2) Mss. citados, 5 y 13 respectivamente del «Parnaso Español».

(3) Era D. Juan Tomás Enríquez de Cabrera *valido secreto* de Carlos II; ms. 12.935.

menzado el 1697. El manuscrito dice 1698, y esta fecha le asignó también D. Bartolomé José Gallardo (1). Todos los datos coinciden, menos la propia confesión del poeta:

"*Treinta y cuatro años* que tengo
viví en una noria al giro
donde nunca me adelanto
aunque siempre me fatigo".

Según esto, tuvo que escribirlo el 1696 (nació el 62), cosa inadmisible. O Bances *se olvidó* dos años, o algún copista adulteró el "Romance", para cuyo metro lo mismo viene bien:

"Treinta y seis años que tengo..."

No soy partidario de invenciones. Son copias los manuscritos a que me refiero, y puede ser (2) falsa la fecha que se asigna al romance; pero entonces sería falsa en esto la pluma de Río Marín, que es la que da más datos de Bances, datos que encajan en la fecha y título de los ejemplares que se conservan

En el mismo *Romance* late la pobreza del hombre *cesante*:

"De los que deshechan tantos
haia para mí un retiro;
le estimaré como premio
si me le dais como asilo."

Y el Rey, visto su buen comportamiento, especialmente en el último empleo de Ocaña, le dió la superin-

---

(1) «Ensayo de una biblioteca española de libros raros y curiosos, formado con los apuntamientos de D. Bartolomé José Gallardo, coordinados y aumentados por D. M. R. Zarco del Valle y D. J. Sancho Rayón». Premiada por la B. N. en 5 de enero de 1862.—Madrid, 1863.

En el t. I, pag. 395-396, empieza la curiosa biblioteca asturiana por orden alfabético *de nombres* de autores; y en la 411-412 habla de Bances, copiando a Río Marín.—Cronológicamnte le estudia en el t. II, pág. II-12; y en el mismo t. II hay un apéndice por apellidos, donde habla del *Romance al almirante* en la página 13.

(2) «El Parnaso español» es una colección de manuscritos hecha por D. Isidro Faxardo y Monrroy en 1712.

tendencia de Rentas Reales de Cuenca. Con igual cargo fué en 1699 a las ciudades de Ubeda y Baeza; en esta última ya había estado en 1689, pues desde allí contestó a D. Antonio de Zamora; pero esta segunda vez parece estuvo allí el 1.° de noviembre de 1700, fecha de la muerte de Carlos *II* (1), porque escribió el *"Funeral de las Honras, que la insigne Ciudad de Baeza hiço a la Magestad de el Señor Carlos II* (*que está en gloria*) *y fiestas a la aclamación del Rey nuestro Señor Phelipe V* (*que Dios guarde*), *en quarto*".

Se sabe que el año 1700 tenía escrito hasta el Canto IX del *César Africano.*

En 1702 pasó a servir la villa de San Clemente como superintendente general de las Rentas de los terrenos de millones; a este destino "se le remitieron negocios muy arduos por el Excmo. Señor Duque de Montellano, y por el consejo Real, y cumplió vigilantísimamente..."

"Aviéndole cometido el consejo Real, vna pesquisa" *para* "Octubre de 1704, passó por Septiembre a la villa de Lezuça..."; parece que fué de Juez inquisidor especial, y no *desterrado,* como quiere Ticknor (2), tratando de dar la nota patética.

Acometido allí de maligna enfermedad que duró sólo tres días (causada tal vez por un veneno), "solo cuydó de assegurar la salud eterna, conociendo perdida la temporal".

"Hiço su Testamento en 8 de Septiembre de 1704 en que pidió al Cura de Lezuça le enterrasse de limosna, por no tener bienes algunos; pues si los tenía importaban más que ellos sus deudas, señalando por el mismo motivo veinte Missas en el Testamento, y essas a voluntad de sus criados: dejó por Cabeçalero a Martín Vriz Carretero, vezino de Lezuça, para que solicitasse su entierro, y por heredero a Don Felix Leandro Joseph,

(1) Véase, por ej., D Modesto Lafuente, «Historia general de España», continuada por D. Juan Valera.—Barcelona, 1879.—Edición de lujo, t. III, pag. 451.

(1) Op. cit., pág. 99 del t. III.

su hijo natural, que avía nacido a 27 de Febrero de 1691 en Madrid. "

"Mandó en su Testamento al Excelentíssimo Señor Don Antonio Martín de Toledo, Duque de Alba" (1) los papeles que había dejado en la villa de San Clemente con esta clausula: *Item declaro, tengo en la Villa de San Clemente, escritos de mi mano, muchos papeles de diferentes materias; los quales es mi voluntad dexarlos, como los dexo, al Excelentíssimo Señor... etc.* Dando muestras de acendrada fe, pues pidió varias veces los Santos Sacramentos, "murió el mismo día; día que siempre fué de grande devoción suya", fiesta en que los asturianos celebramos la Virgen de Covadonga.

En Lezuza se lee con cierta dificultad, según dice el párroco, la partida siguiente, que está en el libro primero de defunciones, folio 364 vuelto:

> "Don Francisco Candamo y Bances murió en esta villa en ocho días del mes de Septiembre de 1704 (2): Recibió los Santos Sacramentos y el de la Extremaunción; hizo testamento ante D. Abelardo Gomez de Rada, Escribano Real, vecino de la Matilla (3), el cual ordena en su testamento... (*ilegible*)... Superintendente general de las Rentas de los terrenos de Millones de la villa de San Clemente y su partido y Juez inquisidor de esta villa de Lezuza... (*ilegible*)... y suplica le entierren de por amor de Dios y ordena se digan veinte misas pidiendo a su criado las di-

---

(1) El palacio de Alba sufrió varios incendios y solamente conserva copias de algunos trozos de cartas de Bances. Son incoherentes y sin importancia. Parece que este poeta, como algunos otros, fué protegido del Duque.

(2) Los que como Mesonero, Huerta, Schack, ponen 1709 es que han tomado la fecha de la primera edición de «Obras lyricas» sin salvar la errata.

(3) Ni en la Roda ni en Motilla del Palancar (que debe ser la «Matilla» de la partida), existe escritura alguna de Lezuza, ni hay ningún protocolo del escribano Gómez Rada. Lo confirman los dos notarios.

gan si gustan de limosna... a quien quisiera hacer la merced. Y lo firmo.—Dr. Estamilla."

Bances murió pobre como había muerto su padre. "Hubo de costear su entierro una cofradía" (1), y fué enterrado "con más dolor que pompa, en la Capilla del Santo Christo de la *I*glesia Parrochial de la Villa de Lezuça" (parroquia de Nuestra Señora de la Asunción), "quedando más ilustrada con las cenizas de Varón tan grande..."

Heredó Bances la pobreza; pero también la fe de sus mayores.

"*Æternitatis iter ingressus est VIII die Septembris*
*Ann. Dñi. M. D. CC. IV.*
*Mortalis splenduit annos vsque XLII.—Menses*
*IV — dies XIII — annumerans.*"

(1) Ticknor, op. loc cit.

AUTÓGRAFO 2.º

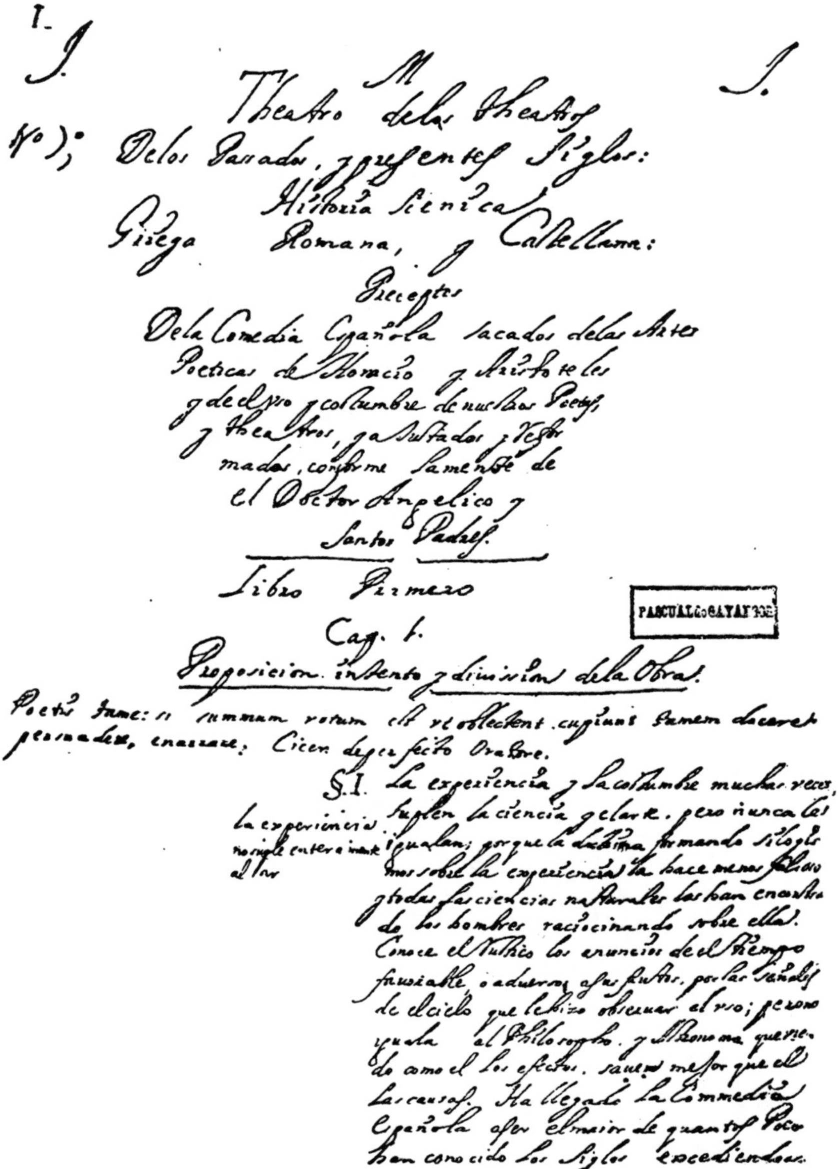

J. M. J.

Theatro de los Theatros
De los Passados, y presentes Siglos:
Historia Scenica
Griega, Romana, y Castellana:
Preceptos
De la Comedia Española sacados de las Artes
Poeticas de Horacio y Aristoteles
y de el uso y costumbre de nuestros Poetas,
y Theatros, ajustados, y refor
mados, conforme la mente de
el Doctor Angelico y
Santos Padres.

Libro Primero

Cap. 1.

Proposicion, intento y division de la Obra.

Poetis tamen ... summum votum est ... delectent ... cupiunt tamen docere, persuadere, enarrare. Cicer. de perfecto Oratore.

La experiencia no suple enteramente al Arte

§ I. La experiencia y la costumbre muchas veces suplen la ciencia y el arte, pero nunca las igualan; porque la doctrina formando silogismos sobre la experiencia la hace menos falible y todas las ciencias naturales las han encontrado los hombres raciocinando sobre ella. Conoce el rustico los anuncios de el tiempo favorable o adverso a sus frutos, por las señales de el cielo que le hizo observar el uso; pero no iguala al Philosopho, y Astronomo que viendo como el los efectos, sabe mejor que el las causas. Ha llegado la Commedia Española a ser el mayor de quantos Poemas han conocido los Siglos excediendoa...



De la Biblioteca Nacional.—(Sign. mss. 17.459.)—Es la introducción del *Theatro de los Theatros*, cuya autenticidad se confirma por cotejo con el autógrafo 1.º (Se puede apreciar en él el sello de Gayangos, a quien perteneció).

## III

# Obras didácticas.

*Theatro de los theatros de los pasados y presentes siglos.*

*Historia Scenica griega, romana y castellana.*

Biblioteca Nacional.—ms. 17.459.

Autógrafo.—Letra del siglo XVII; 83 hojas, folio.—Holandesa.

(Así descrito en el catálogo de los mss. que pertenecieron a Gayangos, de D. Pedro Roca.—Pág. 277, número 811.)

---

La nota 36 (pág. 24) de Gayangos y Vedia traduciendo a Ticknor, confirma que perteneció al primero de los traductores y anotadores.

---

Publicado, omitiendo los folios 16 a 33 y 62 a 72, en la Revista de A. B. y M. 1901 a 1902 (febrero-marzo pág. 155; abril, 246; julio, 485; agosto-septiembre, 645;

octubre, 735; noviembre, 808; diciembre, 927; enero, 73).

---

Publicado en parte por D. Emilio Cotarelo y Mori. *Bibliografía de las controversias sobre la licitud del teatro en España.* (Premiada por la Biblioteca Nacional en 1904.—Madrid.—En la pág. 73 y siguientes.)

---

RECOMPOSICIÓN DEL PLAN DE ESTA OBRA

Es un variado conjunto de cosas, repetidas algunas, y que parecen apuntes para una obra, cuyo plan varió mientras el autor los escribía. En esta obra se echan de ver dos secciones distintas, que se pueden recomponer en la siguiente forma:

| | | |
|---|---|---|
| *Parte general...* | Cap. I. | Libro 1.º (35 párrafos). |
| | | » 2.º (36-37). |
| | | » 3.º (38). |
| | | » 4.º (39 a 55). |
| | Cap. II. | Libro único. (47 párrafos). |

[manejo de foliación por bajo:
1 a 8 + 35 a 39 + 40 a 43 + 80 a 81 + 24 + 23]

| | | | |
|---|---|---|---|
| *Parte especial* o refutación de la obra del P. Camargo......... | | | Introducción |
| | Art. | I | Forma de las comedias antiguas. |
| | » | II | Las del siglo presente tienen las circunstancias con que las permiten los Santos Padres. |
| | » | III | Se responden los argumentos del P. Camargo. |
| | » | IV | Se impugna toda su obra. |

[manejo de foliación por bajo:
58 a 62 + 62 a 73 + 52 a 56 + 51 vuelto + 25 a 34 + 11 vuelto a 15 vuelto + 20 a 22 vuelto + 17 a 19 vuelto + 16 + 9 a 11 recto + 56 a 57 vuelto +

74 a 78 vuelto (falta escrito) + 79] [82 + 44 a 51 + 83.]

---

En el fol. *I* se repite el título, subtitulado así: "*Preceptos | de la comedia Española sacados de las Artes | Poéticas de Horacio y Aristóteles | y del vso y costumbre de nuestros* Poetas | *y Theatros, y ajustados y refor- | mados, conforme la mente de | el* Doctor *Angelico y | Santos* Padres."

(En rojo, sello de *D.* Pascual *de Gayangos.*)

---

## PARTE GENERAL

### CAPÍTULO I.—LIBRO PRIMERO

"*Proposición, intento y división de las obras.*"

"Poetis tametsi summum votum est ut oblectent, cupiunt tamen docere, persuadere, enarrare."

Cicer. de Perfecto oratore.

1. *La experiencia no suple enteramente al arte.*
2. *Invención del Relox.*—(Avisa el tiempo).
3. *No tan grande por el efecto quanto por el ingenio.*—(Lo que es la máquina en el reloj, es la invención en el Poema.)
4. F*acilidad dañosa a la comedia española.*
5. *La estimación que han tenido los* Poetas *Scénicos.*—(Bien hicieron los Reyes en ampararlos.)
6. *Por qué se desestiman en España.*—(Porqué hay mucho número de ellos.)
7. *Gracioso caso de un cortesano.*

"Conuidome un dia a oir leer tres comedias suias, de que io me escusé porque me parecieron muchas para buenas y no publicadas... Otro día, encontrándome en la calle, me detubo para que oiese uno que él llamó soneto... Padecí el soneto y quedeme suspenso después de oirle, y pidiéndome él en son de censura que temía el aplauso que imaginava, le dige que me parecía que no era soneto, porque demás de no constar sus versos de igual rithmo, no tenia sino es once, a que me respondió mui prontamente, disimulando su ignorancia: *¿No conoce V. m. que aun no está acabado?* Yo guardé la risa para quando él se ausentase, y la censura para quando acabase el soneto, en que no tardó mucho, porque iendo io con un gran Príncipe en su coche, le hizo parar mui diligente, y hecha su venia a la magnitud de tal personage, me dijo mui satisfecho: *Quando V. m. gustare de ver aquel soneto, podrá, que ia le he añadido más de veinte versos.* Considérese si puede ser maior la ignorancia de este escritor de comedias y cómo serían las tres a que me brindaua, que yo hice la razón en no gustarlas, porque conocí por el dedo el gigante y por la línea el Apelles."

8. *Daños que resultan de esta facilidad.*—(Todos se creen poetas.)

9. *Debe ser la poesía dulce y provechosa.*—(Cicerón y Horacio lo confirman.)

10. *Policleto statuario, lo que hizo con el pueblo.*—(Policleto) "statuario que hizo dos simulacros de un mismo asunto, uno con los más elegantes y sutiles perfiles del arte, y otro donde de industria havia afectado muchas imperfecciones..."—"...Alabaron los más diestros en su arte el primero, y pusieron muchas objeciones al segundo, y él dijo entonces: *Yo hice aquel bulto que tanto engrandeceis, y el pueblo aquel que tanto vituperais*; y volviéndose a la muchedumbre prosiguió: *¿Veis aquí lo que haceis hacer con lo que aplaudís?* Tocaua en público en el theatro un discípulo de Hipomacho cytharista célebre, y viendo que el pueblo en una cláusula le aplaudía con excesso, le castigó su maestro, aunque no la hauía oido, diciendo: *Sin duda lo has errado, pues les agradó a estos.*"

11. *Dicho del* Pontífice *sobre la opinión del vulgo...* (Juan XX*III*: es lo que más dista de la verdad.)

12. *Dicho raro de Eurípides.*—(Plutarco, Cicerón, Erasmo.)—(Escribía para enseñar al pueblo, y no para que éste le enseñase a él.)

13. *Caso de Anthímaco* Poeta *y de Antigénides.*—(Cicerón, Erasmo.) (Se cansaban los demás oyentes de un drama y de una música, y los autores exclamaron al ver que sólo Platón y un notable músico quedaban: "Basta un solo Platón para auditorio...")

14. *Que cosa sea la* Comedia *Española.*

15. *La* Comedia *mejor que la historia.*—(Pues imitando a ésta, la enmienda.)

16. *Dificultades de ella.*

17. *La complacencia del error ageno en los necios.*—(Cicerón, Mendoza.)

18. *Ciencia de ciencias la Poesía cómica.*—(Cicer.—"Pro Licinio".)

19. P*eligros en la censura.*—(Horat. in arte Poetica.)—(Si el autor se mete en adornos, se expone a que le escuchen entendidos en la materia en que entra.)

20. *Poetas laureados por el* Pont*ífice y el César.*—(Varios autores.)

21. *Es bueno reducir a preceptos el arte.*

22. O*piniones contra la* C*omedia.*

23. *Libro contra las comedias de Don* G*onzalo Nauarro...*(Dice que las de su época son más deshonestas que las que cita S. Crisóstomo.)

24. *Inprudencia escandalosa.*

25. *Notables palabras de Juan Bocaccio contra los doctos que desprecian la Poesía.*—(Es contra los teólogos.)

26. *No se deuen quitar los recreos lícitos.*—("No se deuen hacer culpas las que no lo son".)

27. P*receptos de los Israelitas, suaves.*—(Cita al Abulense y Gerson; no hay que exagerar las cosas.)

28. *Ningún theólogo tiene autoridad para dar por pecaminosa la comedia.*—(No por ser comedia es pecaminosa.)

29. *No toca a la theología la questión de las comedias.*—(Porque se trata, dice, de una cuestión de hecho.) [Con lo que repite en el fol. 48 se pueden completar los tres números que faltan.]

[30. Corresponde a los humanistas.—] (Son especialistas en ello.)

[31. Silogismo de los contrarios.—] (Condenaron la antigua comedia los Stos. Padres; la moderna es peor; luego está condenada. Niega la menor.)

[32. Se niega la consecuencia.—] [Continúa en el fol. 35.]

a 39.) 33. *Motivos de la obra.*—(La escribe para hacer ver la discordia entre el antiguo teatro y el moderno.)

34. *Su orden y distribución.*—(Pondrá los cánones y Stos. Padres que lo prohiben, y describirá el teatro antiguo.)

35. *Libro primero y sus partes.*

36. *Libro segundo. Lo que contiene.*—(Expondrá el origen de la comedia castellana, su forma y las veces que fué reprobada.)

37. *Partes de que se compone la comedia española.*—(Son el argumento, contextura, episodio, música, etc.)

38. *Libro tercero. Su orden.*—(Se verá si la comedia española incurre en la reprobación de los Stos. Padres.)

39. *Libro cuarto. Sus secciones.*—(Se responderá a los argumentos contrarios, y se prueban las ventajas de nuestra comedia.)

40. *Estilo que ha de observar la obra.*

41. *Mal estilo de citar.*

42. *Utilidades de esta obra.*

43. *Reparos que le pondrán.*

44. *Que es suscitar esta cuestión y oponerse a personas graves.*—(Alude a religiosos, algunos jesuítas.)

45. *Opinión de los Padres de la Compañía.*—(Está conforme con la opinión de la Compañía, que opina deben quitarse los males de la comedia; pero no con algunos PP.)

46. *Estudios del autor.*—(Lo dicho.)

47. *Segunda objeción: que se dilató mucho y trasladó de muchos libros.*—(Por haber tratado extensamente del teatro antiguo.)

48. *Satisface a esto.*—(Porque van extractos numerados al margen, si cansa el texto lato.)

49. *La poca noticia que nos a quedado de la historia scénica.*

50. *Lo que es recoger de muchos libros.*
51. *Tercera objección: que se toma authoridad de dar leyes al Poema.*
53. *Responde a ella.*
54. *Decreto de su Magestad a fauor del Autor.*—(Sin decir fecha, cuenta que el Rey le ha nombrado el único "para escriuir sus festejos".)
55. *Lo que son los oidos de los Reies.*—(Dice que va a comenzar la obra, y pone "Fin".)

---

## CAPÍTULO II

*Origen, dignidad y excellencias de la Poessıa en común.* (Fol.

1. *Dios origen natiuo de todas las ciencias.*
2. *Opinión de los Antiguos sobre las ciencias del alma racional.*—(Pinciano.) (Las ciencias infusas en el alma.)
3. *Casi verificada en los Poetas.*—(Platón.)
4. *Monja poetisa de Mexico.*—(Elevación mística de Sor Juana Inés de la Cruz; habla de sus dos volúmenes de poesías.)
5. *Dios el Primero Poeta.*
6. *Mundo maior y menor obras métricas de Dios.*
7. *Movimiento acorde de las espheras.*—(La música que hacían al girar.)
8. *Memoria que ai en el alma racional de la Mússica celeste.*—(Es el movimiento de las pasiones, según Platón y los pitagóricos.)
9. *Alma racional y sus facultades puestas en mússica.*—(Comparaciones.)
10. *Instrumento sonoro que se forma del alma racional.*
11. *Instrumento del cuerpo humano.*—(Organos (1), arterias, nervios...)

---

(1) Es casi seguro que Bances tuvo presentes las obras del Dr. Huarte, de D.ª Oliva Sabuco de Nantes y de algunos otros autores conocidos en las ciencias naturales.

12. *Concordancia armónica del mundo grande y pe queño.*—(Entre la inteligencia de Dios y la del hombre
13. *La mente del hombre corresponde a Dios.*— (Unión por elevación mística.)
14. *Entendimiento del hombre consuena con el Im píreo.*—(Porque se parece al del ángel, que vive en el cielo.)
15. *La razón, al christalino.*—(La razón humana se parece al cielo diáfano.)
16. ***Estimatiua y cogitatiua al primer movil.***—(Pare ce localizar, el autor, las facultades.)
17. *El pecho, al cielo estrellado.*—(Región esférica y vital.)
18. *El corazón, al sol.*—(Vivifica y limpia.)
19. *Sal celeste* o *espíritu ethéreo.*—(El sol es el *anima mundi* de Platón.)
20. *Bálsamo vital o resina de la vida que arde en el cuerpo humano.*—(Se purifica en el corazón.)
21. *Circulación de la sangre.*—(Como el movimien to del sol.)
22. *Los demás cielos de los Planetas.*
23. *El cauello del hombre a las plantas y el bello las yeruas.*
24. *La sangre a las fuentes y ríos.*
25. *En el cuerpo humano se crían piedras y otra sabandijas como en la tierra.*—(Humores, gusanos.)
26. *Los huesos imitan los metales.*
27. *Templados por una claue los dos instrumentos.*— (El mundo grande y el pequeño, ambos obra de Dio "No ai mússica que no esté suponiendo antes la letra"
28. *Origen de la Poesía entre los hombres.*
29. *Opinión acerca de Henos.*—(Hijo de Set créenle inventor de la Poesía.)
0 a 81.) 30. *Parecer de Veneto,* Obispo de Puzol, *de que fué su inventor Nembroth.*—(Por ser el primero que usó armas.)
31. *Opinión de Taciano Cyro.*—(Que los griegos la tomaron de los bárbaros, que eran para ellos los He breos.)
32. *Primero Poema del Mundo.*—(El libro de Job

33. *Historia de Job en verso.*—(Autores que prueban que está en verso el libro.)
34. *Su antigüedad.*—(Tiempo de Moisés.)
35. *En qué tiempo vivió Job.*
36. *Moissés el primero* Poeta.—(Quinientos años antes que Homero.)
38. *Eminentíssimas facultades de Moissés.*—(Teólogo, filósofo, historiador...)
39. *Antigüedad de Moissés.*
40. Poe*tas anteriores a Homero.*—(Lino, Orfeo, Museo...) (Fo
41. *Cántico de Moissés.*—El más antiguo según San Crisóstomo.)
42. *El de Job Poema más antiguo.*—(Porque pudo copiarlo ya Moisés.)
43. O*rigen de la Poesía entre los griegos.*—(Tomada de los Hebreos.)
44. *Invención de las letras.*—(Opiniones; Moisés es anterior al fenicio Cadmo.)
45. G*riegos tomaron las letras y ciencias de los Hebreos.*—(Platón su doctrina.)
46. Y *viciaron todas las historias sagradas.*—(Los gentiles.) (Fo
47. *Griegos los Primeros* Poe*tas entre las gentes.*—(Lo fueron; pero aplicando a los hombres lo que los hebreos habían aplicado solamente a Dios.)

---

PARTE ESPECIAL O REFUTACIÓN DE LA OBRA DEL P. CAMARGO

"Pocos *días ha que viniendo a la corte* hallé introducido en ella con gran estruendo un discurso theológico contra las comedias..." ..."El nombre de su autor, El Rmo. Pe. Ignacio Camargo Lector de theología en su real colegio de Salamanca..." "su religión de jesuíta..." "parece desde luego temeridad que un cortesano sin otro título, *de mis años,* de mis diuersiones y de mis cortas noticias intente no solo responder..." (pero dice que se discute una cuestión de experiencia, que es de (Fo su facultad y no de la teología, puesto que él conoce el teatro de su tiempo; y de las comedias) "por algunas que he escrito sé cómo deuen ser"

(Quiere refutar la obra de Camargo, porque desde la teología pura y retiro del claustro no se juzga con experiencia; se debe refutar la obra, pues si *su intento* es atacar las ofensas de Dios, otras hay mayores en paseos, concursos cortesanos, sacrilegios, usura... Se rechaza por *la ocasión* en que escribe, toda vez que ya el teatro va decadente, pues "oi se está experimentando, pues para celebrar con lícitos festines las felicíssimas bodas del Rei N. S. no se han podido formar dos compañías moderadas..." Se refuta el *contexto*, que es este silogismo: las comedias antiguas fueron reprobadas; las modernas son peores: luego deben serlo también. —El estilo es pesado: se irrita contra todos los que han tolerado las comedias; y le dice graciosamente Bances que "no nos deja respirar sin delito".

Expone el plan de esta obra de refutacin, que irá en cuatro artículos:

*I.* Forma de las comedias antiguas.

*II.* Las del siglo presente tienen las circunstancias con que las permiten los Santos Padres.

*III.* Se responden los argumentos del P. Camargo.

IV. Se impugna toda su obra.)

a 73.) Art. I.—*Examínase la forma de las comedias antiguas, y las causas porque las reprobaron los Santos Padres.*—(*Teatros*: qué eran.—*Histriones*: origen y clases.—*Mimos,* etimología: son nuestros *matachines. Archimimos* o músicos: *pantomimos* o representantes mudos que imitan muchos objetos. *Mesochoros*: directores músicos del coro. *Histriones,* sus clases, judadores de manos.—Refiere el caso de Euchracio y S. Cipriano,
a 56.) juglares, etc. etc.; pero lo principal es la Tragedia, porque tiene, como la actual, "protasis", "epitasis" y "catastrophe". Tomada de las Sagradas letras por los gentiles.—No era como la de ahora, como lo demuestran descripciones de Tertuliano, S. Cipriano, S. Clemente, S. Agustín, S. Ambrosio. Las antiguas eran dedicadas a gentiles; había muertes de hombres..., que hacen decir

a Lactancio que los trajes de los cómicos eran "cothurnata scelera" que enseñan incestos y adulterios.)

(Vuelve a exponer el plan.) (Fol. 5

(S. Agustín, al reducirse a nueva vida, reprobó los escándalos del teatro de entonces. S. Crisóstomo, las obscenidades; pero no está Bances conforme con Camargo en el lugar en que lo cita. Luce gran conocimiento del Santo y lo traduce con demasiada claridad; reprobó cosas como el lecho de adulterio junto al vestuario...) (La inmoralidad que tenía la Tragedia. Aristóteles, Séneca, San Agustín.)—Más tarde, Salviano, Obispo de Marsella, cuenta los vicios que engendraba el teatro de su tiempo.

De todo lo cual saca la consecuencia de que los Santos Padres no condenan lo capital, sino lo accidental del teatro. Sigue refutando a Camargo.)

III. *Noticia y distinción de todos los juegos scenicos y | Representaciones antiguas | Latinas y griegas.* (Fol

1. *Ceguedad de los gentiles en sus Dioses y en sus festejos.*—(Habla de la mitología y sus cultos, y acaba por dividir los espectáculos gentílicos

en { *de gladiadores*<br>*de monterías*<br>*juegos circenses*<br>*juegos scenicos*

cita a Theodoro y a Marcial.)

2. *Varios géneros de juegos scenicos.*—(Cuenta la variedad que había de ellos, entre los que estaban los *juvenales,* a los que también acudían viejos de gran disolución en Roma. Al hablar de los coros de los jóvenes y doncellas dice iban "juntándose en forma quadrangular de las manos como se ve oi en Asturias".

Con muchas citas.—Cree que la danza tuvo su origen en simulacros de la caballería, en épocas guerreras; como el juego de cañas en España fué de procedencia morisca, imitando las escaramuzas africanas; como nuestros *torneos* o danzas armadas.)

3. *Bailes lascivos de Cádiz.*—(Habla de ellos, traduciendo hermosamente a Marcial; algunos versos son

demasiado realistas. Copio el siguiente trozo en que habla de la bailarina gaditana Thelesina:

"Diestra en los gestos lascivos
Y en cantar los metros diestra
De Cadiz, quando repica
La Andaluza castañeta".)

4. *Juegos de Gladiatores.*—(Eruditísimo en las citas; cuenta cosas ya vulgares de los juegos desnudos y de la intervención de mujeres principales de Roma, en la época de gran corrupción.)

5. *Juego del Ascoliasmo.*—(Dedicado a Baco; hacíase resbalando sobre un odre vacío y embetunado, para que algunos cayesen dentro, entre grandes risas.)

*Danza de espadas.*—(En Valencia hubo un juego en que dos filas de luchadores paraban los golpes de sus espadas al compás de la música.—Habla de los juegos de todos los pueblos, y alude a las Partidas que permiten los honestos.)

VI.—*Certámenes de Poetas y músicos.*—(Es materia conocida.)

*Nerón en el theatro.*—(Cuando cantó tan mal sus versos.)

*Lucano y su muerte...* (Por la envidia que le tuvo Nerón; murió recitando sus poesías.)

*Certamen en León de Francia, y otros.*—(Cita a Plinio, y cuenta cómo los vencidos debían borrar, con la lengua o con una esponja mojada, lo que habían escrito, so pena de recibir palmetas; era en tiempo de Calígula.)

vuelto *De los Representantes, Mimos, Archimimos y Satyros,*
lto.) *de la forma y | origen de los antiguos Poemas mimicos | y satyricos así entre los | Griegos como entre | los latinos.*

1. *Qué sean mimos.*—(Etimología; son remedos de acciones ruines; documéntase con Terencio, César, San Agustín...)

2. *Archimimos.*—(Mimos más elevados, y maestros de choro.)

3. *Danzas castellanas que llaman historias.*—(En la

provincia de Toledo un músico canta un romance, y a medida que nombra los personajes salen paisanos representándolos con los trajes más adecuados que hallan, sin decir palabra y sólo imitándolos con el gesto. Son derivación de los mimos; pero sin ser deshonestos.)

4. *Danza que se hizo en Esquivias.*—"Algunos dias a que a petición de un cauallero del lugar de Esquiuias... escriuí una de estas Historias | como ellos dicen | ..." (Era de la batalla que ganó la sacra Liga en el socorro de Viena; cuenta lo mucho que se rió presenciándola.)

5. *Matachines.*—(Parecen mimos; pero no son obscenos. Trata de los que había en Francia e Italia.)

6. *II.—De las representaciones mímicas.*—(Ocuparon el lugar de nuestros entremeses, y a veces los compusieron poetas renombrados.)

7. *Juegos de Andalucía como entremeses en prosa.*—"Quando en los lugares del reino de Sevilla se juntan a sus solaces los mozos y mozas, usan varias formas de juegos, en que rústicamente declaran ellos sus passiones debajo de la metáfora que juegan, porque el amor aun a los más rudos hace ingeniosos para explicarse en aquella forma que pueden. Tales son el soldado, la sortija, el Pe. Prior y otros mas licenciosos de lo que deuieran como el del palillo y el alfiler que ya conocerá el que lo supiere, y el que no mejor será que no los conozca." (Cuenta uno que vió en Osuna, que era de un estudiante que comió uvas; y el guardia, amenazándole con el arcabuz, le pedía el dinero de las comidas; como era pobre, hubo de hacer *fluxos* para echarlas, haciendo el gesto, entre risas de los oyentes. Pero ufano el guardia al ver humillado al estudiante, dábale tabaco; y en tanto el estudiante, quitándole el arcabuz, le amenazaba hasta hacerle comer lo que él había devuelto.—Narra otro menos decoroso.)

8. *III.—De las comedias mímicas.*—(Imitación de acciones ridículas.—Con varias citas narra el culto de Bacho y el origen de la comedia.)

*III.—Origen de la tragedia, comedia y satyra en letras Sagradas.*—(La más antigua es el libro de Job;

(Po vuelt

prueba la existencia de Job, citando a S. Jerónimo y otros.)

*IIII.—Tragedia del Santo Job.*—(Estudia los personajes, escenas, fondo y forma métrica de este libro.)

17 a 19 *V.—Antiguedad de este Poema.*—(Algunos dicen que lo escribió el mismo Job y lo copió Moisés. Quién era Job, familia, época. Copiaron de este libro los griegos.)

*VI.—Otro origen de la tragedia en letras Sagradas.*—(Además del de Job, los griegos tomaron de los hebreos el canto a los dioses, del canto de Moisés. Imitáronles en muchos órdenes.—Estudia el origen de la tragedia griega hasta Eurípides.)

*VII.—Origen de la comedia en letras Sagradas.*—(Etimología y origen de la comedia.)

*Acción rara de Domiciano.*—(A un poeta favorecido suyo le dió además un anillo de oro, premiándole en exceso.)

*VII.—Histriones y sus especies.*—(Su origen el 394 de Roma. Tito, Valerio, S. Agustín, confirman que eran de la antigua Histria (Hetruria oy Toscana) danzaban al son de la flauta, sin ser deshonestos hasta venir a Roma.)

a 11 *Jugadores de manos.*—(San Cipriano a Euchracio le dice no dé comunión á un histrión que hacía aprender a los jóvenes movimientos femeniles "torpes y lascivos".)

*VIII.—Artes mágicas.*—(Sigue con el caso anterior, glosando los cánones; lo confirman Beda, San Basilio y otros moralistas al rechazar los espectáculos malos; así los de gentiles, como de nuestros indios, moros, turcos y cuantos conservan magia y superstición. Pero el caso del histrion reprobado en el canon, no es el de los histriones de esta época.)

*IX.—Todos los géneros de histriones.*—(División de los histriones y de sus representaciones, mimo, pantomimo, satyro, attelano, cómico, trágico, archimimo, mesochoro y chorago.—Hablará de ellos en varios apartados.)

Artículo *II. Examínanse todas las circunstancias de la comedia moderna, y prueuase que combiene en todas con los regocijos que permiten los Stos. Padres y Sacros cánones y per consequentiam que es acto indiferente.* (Fol vuelt

(La comedia española no tuvo el debido decoro hasta Calderón.—Los seises de Toledo representaron ante el Smo. El origen de la escena en Lope de Rueda y Naharro tal como la pinta Cervantes. Luego fué Lope de Vega a Italia (1) y trajo la tramoya y escena de allí. Felipe III no quiso en su Palacio más que danzas; hasta que la seriedad de Felipe IV pidió comedias, desarrollándose éstas en tiempo de Calderón con el influjo italiano y la música.—Pero ni Lope, ni Mira de Amescua, ni Tirso, teólogos todos, fueron siempre honestos en sus comedias, ni limados de estilo.—Escritor de comedias fué el jesuíta P. Valentín de Céspedes, para que el P. Camargo lo sepa.—Moreto, por halagar al público, estragó la pureza del teatro; pureza que no se restauró hasta Calderón.

Cierto que Felipe II suspendió las representaciones para arreglarlas, pues las había entonces muy lascivas. Pero no son así las de la época de Bances, en que las vigilan el consejo Real y el Santo Tribunal de la Fe.

Varias consultas de teólogos a Roma y del Rey a Sor María de la Concepción de Agreda, tuvieron respuestas todas favorables a la comedia.—Dice Santo Tomás: "No es pecaminosa si no se mezcla con cosas torpes i illícitas, antes se ordena al bien común..." Pone varias citas, y concluye que no es intrínsecamente mala la comedia; pero que puede ser mala por lo que contiene y por la forma de la representación. (Fol. vuelto

Desarrolla el plan propuesto.)

2. *De los argumentos de las comedias modernas.*— (Las divide por razón de ellos

---

(1) El autor tenía la creencia de entonces, hoy rechazada por la crítica, respecto de este viaje de Lope.

en { amatorias { de capa y espada / de fábrica }; historiales }

Las define.—Combate al P. Camargo en lo que dice del mal fin de algunas comedias, lo que no puede ser, porque "las más fenecen en casamiento"; y, en cuanto a narrar cosas malas, hasta las Escrituras cuentan cosas lascivas para reprobarlas.—Incidentalmente vierte la idea de que la Historia pinta los sucesos como son, y la Poesía los pone como debieran ser.—Habla de la deshonestidad de Isabel de Inglaterra.—Cuenta el mal éxito de Rojas en *Cada cual lo que le toca,* comedia que fué silbada por ser inmoral en parte; y de Calderón, que quiso retirar la de *Un castigo, tres venganzas,* que escribió siendo "mui mozo", solamente porque un hijo abofeteaba en escena a su padre, no obstante saberse después que era padre supuesto.

De todo lo cual deduce que no son pecaminosas por sus argumentos las comedias de su época. Si bien no niega que pueden serlo por la forma de representarlas.)

3. *Del contexto y del episodio.*—(Los define brevemente. Siguen hojas en blanco.)

---

(Ya no continúa el plan trazado, pues la refutación del P. Camargo ha ido involucrada en lo precedente.)

\+ 44 En los dos folios últimos del ms. se repite la primera parte "*Proposición, intento y división de la obra*", con modificaciones que no tienen importancia; vuelve a contar lo del que hizo *el soneto,* y pasa al fol. 44, donde sigue la repetición formal de lo expuesto.—Respecto a sus estudios, correspondiendo al párrafo 46 del capítulo *I*, dice en el fol. 50:

> "Yo pues que he cursado diez años esta profesión y que me hallo elegido de su Magd. por su real decreto para escriuir unicamente sus festejos y con renta asignada para ello..." (Dice que se cree competente para hablar del teatro.)

Después de contar lo mucho que enseña a los Reyes la comedia histórica, sigue hablando de los estudios que hizo; fol. 51:

> "Para cumplir con las obligaciones de este empleo, a los estudios de Philosophía y Jurisprudencia, en que fuí graduado, procuré añadir quanto pude en la Lección de historia, Poessía y antiguedad..." (Fol.

Y expone el plan de la obra, tal como va trazado

AUTÓGRAFO 3.º

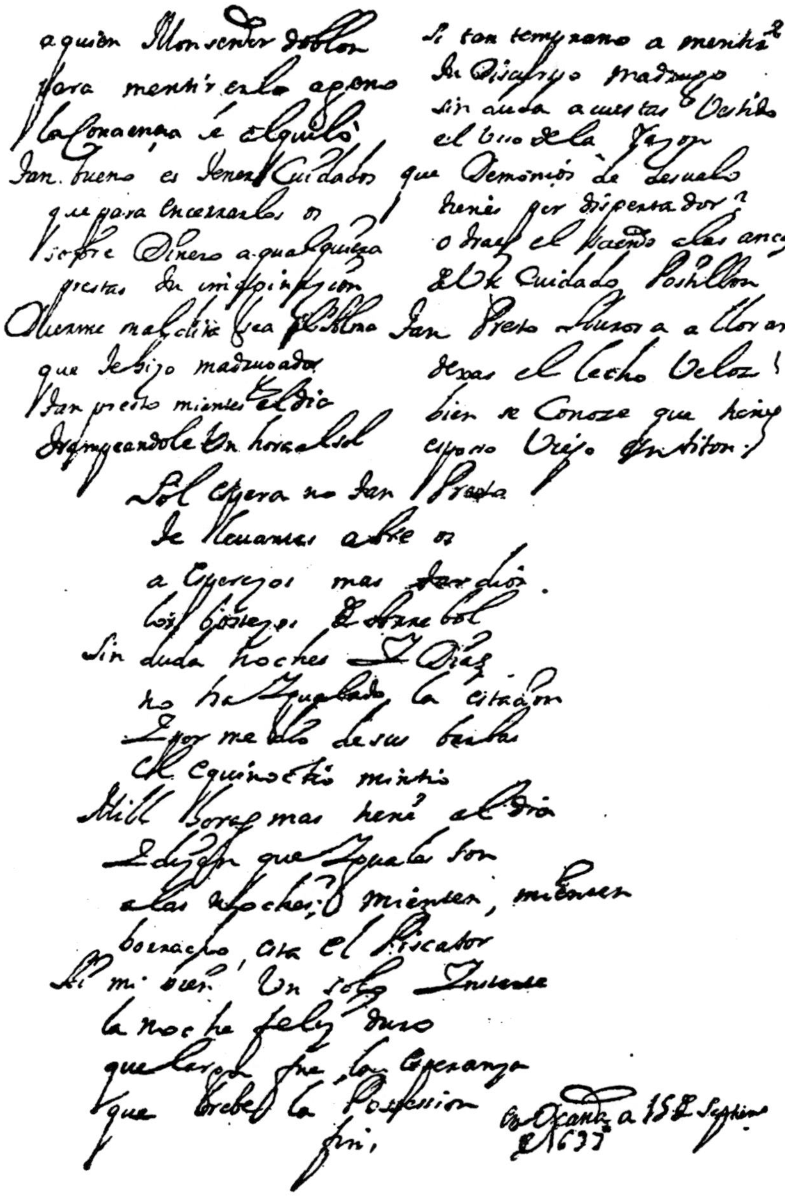
a quien Monseñor doblon
para mentir en lo ajeno
la Corona le alquiló
tan bueno es tener cuidados
que para encerrarlos os
sobre dinero a qualquiera
prestas [illegible]
Duerme maldita sea [illegible]
que de hijo madrugador
tan presto mientes el dia
desempeñandole un hora al sol

si tan temprano a mentir
su [illegible] madrugo
sin duda a vuestras vestidos
el uno de la razon
que demonios de desvelo
tenéis por dispensador
o traes el [illegible] de las ancas
de un cuidado postillon
tan presto aurora a llorar
dexas el lecho veloz
bien se conoce que tienes
esposo viejo [illegible]

Sol espera no tan presto
de [illegible] abre os
a espejos mas tardio
los bostezos de arrebol
sin duda noches y dias
no han igualado la estaçion
y por medio de su [illegible]
el equinoctio mintio
mill horas mas tiene el dia
y dizen que iguales son
a las noches, y mienten, mienten
borracho, esta el piscator
si mi bien un solo instante
la noche feliz duro
que larga fue la esperanza
y que breve la possession
fin.
En Ocaña a 15 de Septiembre de 163[illegible]

De la Biblioteca Nacional.—(Sign. mss. 2.248; antes G.468.) Va en colección con algunas copias de «Poesías líricas». — Confirma que es autógrafo el cotejo y la fecha en Ocaña.

## IV

# Obras líricas

No solamente cultivó Bances el género dramático, sino que lució su numen como lírico en las poesías que vieron dos veces la luz colectivamente; entre ellas va una producción *épica* por el fondo y por la forma, pues es la parte conservada del *César africano,* poema a Carlos V. en la conquista de Túnez, en octavas reales.

Las demás, por lo que expondré, son sencillamente *líricas*.

## MANUSCRITOS

Pero antes de tratar de las impresas, lo haré de las que se conocen manuscritas.

Ya tuve ocasión de decir algo del "Parnaso español", colección de mss. hecha en 1712 por D. Isidro Faxardo y Monroy; en el tomo 5 ms. 3.916, folio 328, va una copia del *Romance al gran almirante* con la fecha 1698; el tomo 13, ms. 3.921, contiene otra copia en el folio 1, y en el folio 197 una del "*a una efigie peregrina de Santa María Magdalena, mirándola el día que murió su artífice Pedro de Mena insigne esculptor de Málaga, hizo este Romance de arte maior D. Franc.° Antonio de Bances Candamo; venérase esta Imagen en vn colateral de la Iglesia de la casa* Profesa *de Jesuitas de Madrid*" (1).

De este ms. debo decir que da más exacta idea de la composición original. Va un trozo del que distan mucho los otros mss. y el romance que va impreso:

"Tan morvido el color, tan transparente
(aun desmayada entre candores mustios)
le dió el pincel, que al tacto de los oxos
la suavidad del cuerpo informar supo.
Escollos de marfil, se ven los huesos
formando a trechos christalinos nudos
y (azules líneas del nevado, Maga)
aun las venas el arte nos expuso".

---

Otro ejemplar del "*Romance al almirante*" se conserva en la Biblioteca Nacional (sección de *Papeles varios* 4.°, caja 7-23 ms. 12.935 titulado:

"*Memorial que dió D. Franc.° de Bances y Candamo, al Exm.° Sr. D. Joan Thomás Enrriquez de Cabrera, valido secreto del Sr. Rey D. Carlos 2*". Es copia del siglo XVIII, en 4.°, 9 hojas.

---

Un volumen, que contiene como principal manuscrito el poema *La Filis,* del portugués pero escritor castellano Antonio de Fonseca Soares (2), en la Biblioteca Nacional (P. suplemento, 232; ms. 5.862) lleva al fin una carta en romance de "D. Antonio de Zamora a su

(1) Lo ha publicado el Sr. Orueta en la mencionada obra de Pedro Mena y Medrano; publicó también la poesía impresa en «Obras lyricas».—págs. 287 a 292.

(2) Después se hizo franciscano.

amigo D. Franc.º Candamo" en que le da la noticia de la muerte de la Reina:

("Luisa murió en cuio estrago
Solo la embidia es disculpa")

y le recuerda el caso de S. Francisco de Borja. Va a continuación la contestación de Bances:

*"Responde Dn. Franc.º Candamo al Sr. Dn. Antonio de Zamora desde Baeza, a la noticia de la muerte de la Reina D.ª María Luisa que le embió desde la corte.—Romanze."*

---

La curiosa colección de mss. líricos de Bances, en la que hay *varios autógrafos* y fechados, lleva en la Biblioteca Nacional la signatura ms. 2.248, y por título:

*"Obras | de D. Francisco Anto- | nio de Bances Candamo. | Dedicadas | a la exmª. Sª. Dª. Maria- | na de Borja de Cersedos etc... | en Madrid año de* 1715."

(Claro que es colección posterior a la muerte del poeta.)

[foliado: 1 a 4 + 13 a 32 + 40 a 43 + 49 + 46 a 52 + 57 a 66 + 4 sin numerar.]

Notaré algunas particularidades de esta colección, de la que se debieron servir para la edición primera.

Fol.—25.—*Soneto* (el VII impreso), lleva tachado al pie "*Jullio de* 1695".

*"A ciertos Papeles de comedia | que se mandaron sacar Disculpando | su letra. | De vn amigo del escriptor".*

"*Redondilla*" (inédita):

"Yo no sé escrivir más bien
Pues esto fue en conclusión
de lo que me dió lección
mi maestro Mendigurén."

Fol. 25 vuelto.—*Glossa trocada*" (inédita).

*"Estoi tan mal con el bien
después que perdí mi mal,
que el bien me parece mal
y el mal me parece bien.*

Miré Filis tu beldad
hermana de tu rigor
que aunque ninguno es maior
nacieron con igualdad.
Sacrifiqué a tu deidad
y aunque aplaqué tu desdén
como se vieron se ven
mi amor al dolor ygual.
Si estuve mal con el mal
*tan mal estoi con el bien.*
Fué mi achaque tu desdén
y aun no aplaqué tu rigor
quando sentí otro dolor
más que el de quererte bien.
Pues quando mandas que den
al coraçon ya mortal
el remedio principal
para que reciua aliento
es mayor el mal que siento
*despues que perdì mi mal.*
El mal que siento es mirar
que lo que llegué a querer
si lo pude merecer
no lo e de poder lograr.
Y al ber que no e de goçar
tanta hermosura cabal
aunque peque en material
la fuerça de mi deseo
tan fuera de mí me veo
*que el bien me parece mal.*
Quando de tí me quejé
entre mi queja esperaba
quando mi pena alcançaba
el remedio que logré.
Mas ya que mi pecho ve
que rendido tu desdén
le falta rendir también
segundo rigor fatal
miro que es por tí mi mal
*y el mal me parece bien.*"

Fol. 26.—*Soneto* (que es el *VIII*) y lleva al pie tachado: "J: 15 de 1695".

Fol. 28.—(Trozo de un romance, sin sentido.)

Fol. 28 vuelto.—"*A que ello se dice de vn amigo de escriptor*".—*Epigrama.*

"*I*mposible es que te Duelas
mi Celio de tu fortuna
Pues no teniendo ninguna
dices te duelen las muelas.
Yo no lo creeré en mis días.
Pues todas postizas son
repara con atención
si son las muelas o encías."

Fol. 32 vuelto.—Al acabar el romance primero: "En Ocaña a 15 de Septiembre de 1697."

Fol. 47 vuelto.—"*Si ay zelos en Palazio o nó.*"

Fol. 48 vuelto.—(Letrilla de un amigo del escritor: sólo el título.)

Fol. 57 vuelto.—*Soneto* (es el *XVII*) con enmiendas, y tachados los versos 4 y 10, como diré en nota al impreso.

Fol. 61 vuelto.—(Tachado un romance amoroso, de declaración no muy correcta; no se imprimió, ni tiene importancia.)

Fol. 1 sin numerar.—(Después del *Soneto XVIII*, pone "*fin*"—"a Dios solo la honra y la gloria".)

---

## PRIMERA EDICION [1720]

El ejemplar de la Biblioteca Nacional R-22.242 lleva en el interior de la tapa primera un exlibris de D. Cayetano Alberto de la Barrera.—Holandesa.

[35 fol. + 152 pág. + 129—240 pág.] 16°

### PORTADA

"*Obras Lyricas* | *De Don* Francisco | *Antonio de Bances Candamo,* | *Superintendente de Rentas* | *Reales de Ocaña, San* | *Clemente, Vbeda,* | *y*

*Baeça, etc.* | *Que saca a luz* | *D. Julian del Río Marín.* | *Y las Dedica* | *A la Excma. Señora* | *Duquesa del Arco, Condesa de* | *Monte-Nuevo, la Pue-* | *bla etc.* | *Con Privilegio: En Madrid.*
A costa de Nicolás Rodríguez Fran- | cos, Impressor de Libros: Halla- | ráse en su casa en la calle | del Poço."

Fol. 2.—"A la Excma. Señora | Doña Mariana Enriquez, | Duquesa del Arco, | Condesa de Monte-Nuevo, | de la Puebla, etc." (Del editor.)

Fol. 4.—"Vida, y escritos | de Don Francisco Anto- | nio de Bances Can- | damo"
(Termina con noticia de sus escritos y versos epitáficos.)

Fol. 14 vuelto.—(Aprobación de Fr. Francisco Montiel de Fuentenovilla, que pondera las obras de Bances; pero manda sustituir algunos versos que usan con poco respeto frases de la liturgia.—Termina en el fol. 17, donde va la fecha.
"Madrid 29 de Octubre de 1720.")

(Siguen la licencia del ordinario por Don Cristóbal Damasio, canónigo del Sacro Monte, y por su mandado Joseph Fernández; y la "Censura del Rmo. P. M. Fr. Pablo Yañez de Avilés, Maestro Jubilado del Orden de San Bernardo, Examinador Synodal de este Arçobispado de Toledo"; vuelve a decir que se quiten las frases poco reverentes, y añade:

"Conocí siendo gramático, a Don Francisco Candamo, quando era más aplaudido, y emulado Poeta cómico, y le oí alguna vez versos latinos imitando los Virgilianos..."

Cuenta que era devoto de S. Bernardo cuya comedia comenzó, hizo una jornada, y Don Juan de la Hoz las dos restantes; pues se lo dijo a él el Dr. D. Juan de las Hevas, corrector de esa comedia.—Habla de un romance que Candamo escribió en Sevilla, que guarda D. Alonso de Castilla, en que decía:

"Si Rui Señor en el Betis,
En el Mançanares Cisne."

"En esta colección ay algunos metros, que no son de Candamo". (Soneto 12.º, de Lucas Sanz Moreno, a la Condesa de Aranda); en la tercera parte del *Teatro de los dioses* "se aplicó a Candamo un romance de D. Antonio de Zamora". Termina con fecha en Madrid a 22 de Octubre de 1720".)

Fol. 24.—Privilegio, tassa, y al verso "fee de erratas", donde se hace notar que se puso 1709 en vez de 1704 en la fecha de la muerte (de aquí la confusión de algunos biógrafos.)

Después dice:

> "He visto este libro, intitulado:
> *Obras Lyricas de Don* Francisco *Candamo,* y corresponde con su original. Madrid y Diziembre 23 de 1720. = Lic. D. Benito del Río y Cordido, Corrector General por su Magestad."

Fol. 25.—Un epigrama latino, y al verso un soneto castellano de D. Feliciano Gilbert de Pisa, de Aragón.

Fol. 26.—Soneto epitáfico de *"Don Diego del Río Marín, Admor. de Rentas Reales de Vbeda, grande amigo del aütor"*.—Al verso: Cántico latino del P. F. Ludovico de Silveyra, trinitario.

Fol. 27.—Epigramas latinos de D. Francisco Menéndez de Bances, abogado de los supremos tribunales; y del presbítero madrileño D. Gerónimo Miguel Sánchez de la Nieta Raudona.

Fol. 28.—Otro de D. *I*ldefonso Cortés de Salaçar profesor complutense de ambos derechos, que empieza:

> "Curia, quam tanto celebravit Carmine,
> Regum.. "

Al verso, otro de D. Bernardo Osorio y Llano, presbítero, abogado del Tribunal Supremo.

Fol 29.—"Soneto en tres idiomas" de *D. Juan Isidro* F*ajardo,* cavallero de calatrava etc..." Va 1^er^ verso latino, segundo italiano, tercero castellano, y se repiten por este orden.—Véase lo que de él interesa:

..............................................

"donde con grillos de oro la aprisiona,
catena iniqua rerum humanarum,
Carolum Quintum cecinit Victorem
Mà ohimelche suol'ritrovo il primo canto."

Al verso, otro latino del mismo, donde entre otras alabanzas pone hermosamente:

"Dum vatem rapuit, rapuit mors gaudia nobis".

Fol. 30 y 31.—Siguen dos décimas en honor del editor D. Julián del Río Marín; sólo interesa de ellas esto:

"Contra el ceño de la edad
Buelve Candamo a vivir;
porque no entibia vn morir
*Al fuego de tu amistad.*"

Fol. 32 y 33 vuelto.

"Al lector".

"Apenas llegué a la Corte, quando solicité con gran desvelo, recoger las Obras de Don Francisco Candamo, para juntarlas a las que traje de Andalucía, y darlas a luz. Don Manuel Pellicer de Tobar... me comunicó el Romance al Primer Ministro, muy bien corregido; y me dió noticia de las muchas Obras de D. Francisco que (entre innumerables Manustcritos) estaban en la Librería del Señor Don Andrés Gonçalez de Barcia, de los Consejos de Castilla y Guerra... me concedió liberalmente este volumen de las Obras Liricas, ofreciendome las demás para el mismo efecto (de imprimirlas)..."

Contenido:—*4 epitafios latinos* a la Reina D.ª Mariana de Austria.

Paginación I.—3 sonetos epitáficos a Carlos II en castellano (con gongorismos).

Soneto IV.—Amoroso.

Soneto V.—"*A unos cañaverales. Alude a la transformación de Syringa.*"

Es suelto el comienzo:

"Hermosa Ninfa, ya verde y amena,
de quien Silvestre Dios llora el desvío,
frondoso Pavellón del sordo Río,
que manso duerme en la mullida arena."

Soneto VI.—Amoroso.

*"Descripción y viage del Tajo."*
*"Idilio."*

Pag. 5.—(Trozos selectos.)

"O Gran Monarca de los otros Ríos
dixe entonces! mirando sus riberas,
Si los acentos míos
entre los Cisnes que honran tus cristales
mezclarse consintieras,
yo cantara, aunque en números no iguales,
de tu orilla la pompa más estraña,
Rey de los Ríos que venera España,
de cuya vndosa Magestad blasona
la Vega, que la frente te corona
de esta Juncia olorosa, y Espadaña".

(Describe las "sierras de Cuenca", y dice de los efectos el agua en los árboles, muy culteranamente:

"los troncos de los alamos más gruesos
Son, la vez que a ellos subes,
Sus copas *verdes nubes,*
*que aguaceros abortan bien espesos.*"

........................................

"líquida Soldadesca que retrata
espigas de Cristal, mieses de Plata."

........................................

"Muchas veces la hermosa, ingrata y fiera
por quien muero, tus hondas abrasaba,
y cantando la muerte que me daba,
Cisne en los juncos fuí de tu ribera."

........................................

"la *edad ganchosa* de un venado."

Habla de los poetas que cantaron la región del Tajo: de Garcilaso, y hasta copia su rima en la égloga de

*Salicio y Nemoroso*, de Lope, Camoens (interpolando versos portugueses), Herrera, Quevedo, Montalván; los cordobeses Góngora, Mena, Séneca, Lucano.—Y a Syringa, que se esconde entre los cañaverales, quiere cortarle

"vn *undoso vejetable hueso*.")

Pág. 28.—"*Carta: Ovillejos.*"

(Habla de unos versos que vió y cree del Almirante; y de lo que dijo de una crítica hecha por Candamo a la Duquesa de Albuquerque.)

Pág. 36.—"*Oración Academica*".

"*Romance Heroyco I.*"

(Describe la región sevillana:

"Donde la gran Sevilla belicosa,
(a Granada, y a Roma fronteriza)
fué coronado yelmo, que murado,
cubrió la alta cabeça de Castilla"

y ensalza los estudios que allí se hacen.)

Pág. 41.—"*Dezimas I*".—(Amorosas).

Pág. 44.—"*Canción*".—(Amorosa y vaga).

Pág. 46.—"*Dezimas II*".—(Amorosas).

Pág. 48 y siguientes.—"*Sonetos, VII a XI*".—(Amorosos).

Pág. 52.—"*Romance I*".—(Amoroso).

....................................

"En las niñas de los ojos
viste palpitar mi amor,
y conociste en mi vista
encendida mi intención."

....................................

"según movió
*las dos hojas de clavel*
blanda su respiración."

....................................

"De cáñamo con arterias
el día me articuló,
organizada de ruedas
*la lengua de aquel Relox.*"

..................................

(Hablando del gallo, pone lo siguiente:)

"Pues con *crestado Turbante*
eres sin oposición
de cien *Sultanas de pluma*,
vn casero gran señor."

....................................

Pág. 63.—"*Al primer Ministro*".

"*Romance II*".—(Lo expuesto en la biografía.)

Pág. 86.—"*Soneto XII*".—(En queja. Es el que se dice que es de Lucas Sanz Moreno, a la Condesa de Aranda.)

Pág. 87.—"*Respondiendo a D. Antonio de Zamora, Oficial de la Secretaría de Indias, aviéndole participado la muerte de la Sereníssima Reyna Nuestra Señora Doña María Luisa de Borbón.*"

"*Romance III*".—(Es el que se dice de Zamora.)

"*Llora la gloriosa muerte del Excelentíssimo señor Don Manuel Diego López de Zúñiga, que sucedió a 16 de Julio, de vn mosquetaço que recibió en vn assalto de Buda, Capital de Vngría, Año de* 1686".

Pág. 96.—"*Romance Heroyco II*".

....................................

"En Buda (la Metrópoli de Vngría)
a quien sirve de foso inagotable
el Danubio sobervio, pues sus muros
son bárbara corona de su margen."

(las descargas)....................................

"Salga silvando tanto *alado Aspid*,
*aves de acero aleves*, que (del viento
tósigo) fueron ya *sierpes bolantes*."

..................................

"*Basiliscos de plomo.*"

Págs. 101 y siguientes.—*Sonetos XIII y XIV.*

Pág. 103.—"*Al Arroyo de Torcon, que ha cabado gran profundidad en las peñas, donde se precipita.*"

*Soneto XV.*

Pág. 104.—"*Si hay Celos en* Palacio."—*Soneto XVI.*

Pág. 105.—"*A la Imagen de N. Señora de la Soledad, que está en la Victoria de Madrid.*"

"*Romance IV* "

(Acaba así:)

"O quien, Señora, a suspiros
os abrasára la tez!
y ellos en ella enjugaran
las lágrimas que os causé."

Pág. 107.—"*A vna mas que* Peregrina *Imagen de Santa María Magdalena, del Insigne escultor* Pedro *de Mena, hijo de* Granada, *y vecino de Málaga, donde está sepultado.*"

"*Romance Heroyco III.*"

(expresión).........................................

"Tan vnido (1) el dolor, tan penitente
lo candido, y lo hermoso con lo adusto
le dió el cincel, que de sus tiernos años
el arrepentimiento le compuso."

(carnación).........................................

"Nevado, al cuello se difunde, y manos
*el rojo humor* en aparentes rumbos
de açules venas, donde diestro el arte
no le faltó, sí colocar el pulso."

Pág. 111.—"*Deja la Magestad de* Carlos *segundo, el coche al Sacerdote que llevaba el Santíssimo Sacramento a vn enfermo. Sucedió a 23 de Enero de 1685.*

(1) ms. «morvido el color».

P*onderase, que la destruición del Imperio Romano, la causó la idolatría, y su exaltación el celo de la Religión Catholica.*"

"*Romance V.*"

(Habla del culto mítico de Roma) y dice después:

..........................................

"siempre triunfa la Fe, quando
la casa del Austria triunfa"

..........................................

(de España)

" Aun oy conservan sus Reyes
con piedad siempre iracunda
Santo Tribunal, que a errores
todo lo que abrasa, alumbra."

(Pero no cuenta el suceso del *título*, sin duda por ser frecuente entonces en nuestros católicos reyes.)

Pág. 118.—"*En la muerte del Venerable* Padre *Maestro Fray Raymundo Lumbier.*"

"*Romance VI.*"

"Esta calavera fue
Región del juicio maduro,
quánta inmensidad de ciencias
a breve claustro redujo!"

Pág. 121.—"*Soneto XVII.*"—"*Vida de la Aldea.*"
(Lo copio por ser curioso.)

"Los que dicen que es vida sossegada
vivir en el retiro de vna Aldea,
donde, ni se pretende, ni desea,
4.—ni ay embidia en sayales disfraçada, (1)
Vénganse por acá, verán errada

(1) ms. 2.248, tachados:
4—«ni que embidiar o que sentir ay nada».

en la experiencia, su moral idea,
pues codicioso el Labrador emplea
su hacienda por cogerla mejorada.
Desea la cosecha más crecida,
10.—a su interés madruga siempre atento (1)
embidia al otro la haça más florida.
Padece el testimonio, el pleyto, el cuento
en fin, no ay buena vida en esta vida,
pues nadie con la suya está contento."

Pág. 122 y siguientes.—"*Soneto XVIII.*"—"*Vida Pastoril.*"—(Ridiculiza la que cantaron los poetas, pues no se da en la reaildad.)

"*Sonetos XIX y XX.*—(Amorosos.)

Pág. 125.—"*A la Pragmática, que se dixo salía, quitando las cabelleras.*"—"*Soneto XXI*" (satírico).
Pág. 126.—"*Silva.*"

..................................

"Ocultaba vna rústica cabaña
de silvestres cabreros,
entre peñascos fieros,
el verde coraçon de una Montaña."

(Al fin dice:

"*Dexóla assí el Autor, año de 1690.*")

Pág. 129.—"*Respuesta al Illmo. Señor D. Thomás Ximenez Pantoja Conde de la Estrella, del Consejo Real, siendo Presidente de Hacienda*". "*Romance.*"
Cuenta lo que son los envidiosos y los aduladores, y dice:

"De vn Poderoso al estrago
formarse otros muchos suelen,
como del golpe, en el agua
círculos mayores crecen."

---

(1) ms. 2,248, tachados:
10—«siente ya que no llueva o haga vientos».

..................................

..................................

"Solo el pensamiento vela
quando los sentidos duermen,
porque despiertas las penas
aun en el sueño se sienten."

..................................

"Mi consuelo es que de mí
no ha de sacarme mi suerte,
el Rey puede hacer Hidalgos,
pero Candamos no puede."

Pág. 152.—"*Soneto XXII.*"

(Vuelve a comenzar la paginación 129).—"*Aviendo llegado a la Corte cantidad de Poetas cultos, le escrivió este vn amigo.*"

(No es de Candamo y dice a éste que huya de Madrid.)

Pág. 130.—"*Respuesta.*"—"*Soneto XXIII.*"

(Contéstale diciendo que a dónde ha de huir; y pues no hay otro remedio morirá aporreado por los nuevos poetas.)

Pág. 131 y siguientes.—"*El César africano, | guerra pvnica | española, | Poema epico, | de la Conquista | de Tunez, | por el Emperador | Rey de España | Don Carlos.*"

"*Argumento del Canto Primero.*"

(Resumido en una octava real. Todo el poema lleva esta combinación métrica.)

"*Canto primero.*"

(Es una ampulosa imitación del "Arma virumque cano"..., con descripciones de Túnez, alusión a los espectáculos, de los que dice muchas cosas de las del *Theatro de los theatros;* descripciones llenas de mitología e historia antigua, que facilitan las notas del editor.—Es muy pesado; la más suelta es la descripción de Carlos V:

"Al Cessar vi, que como Cessar puede,
venir, ver y vencer, pues arrogante
con su denuedo, a quien el hado cede,
trae la victoria escrita en el semblante;
aun la vida parece que concede
por indulto su aspecto de triunfante;
porque la guerra vence en sus arrojos,
primero que los ánimos los ojos.")

(Tiene 156 octavas reales.)
Pág. 197.—"*El Cesar africano* | Poe*ma epico* | *de la guerra* | *Punico-española,* | *Conquista de Túnez* | *Canto Segundo.*"

*Argumento del* Canto *II*" (en una octava.)
" "*Canto II.*"

(Sólo pone otras tres octavas, y al fin dice:

"*Este Canto le acabó el Autor, y con los siguientes, hasta el séptimo, se entregaron al Excelentíssimo señor Don Antonio Martín de Toledo, Duque de Alva, lo que ha parecido en poder de otros son los fragmentos siguientes de vna* Oración *de Barbarroja.*"

Es muy pesado. En 16 octavas. Es decir, que son 20 las que tiene el Canto II.)
Pág. 205.—"Canto Quinto." (Que termina en la página 212, con lo que acaba el Poema.—19 octavas reales.)
(Lo que se conserva del Poema son, en suma, 195 octavas reales.)

Pág. 212.—"*En alabança del Discurso que escrivió para formar vna Librería selecta, al Excelentíssimo Señor Don Antonio Martín, Duque de Alva Año de 1691.*"—"*Soneto XXIV.*"
(No es de Bances.)
Pág. 213.—"*Soneto XXV.*"

Pág. 214.—"*Pintaráse vna Nave, padeciendo borrasca, de donde vá cayendo al Mar vna Ancora con alas de Aguila, y este Mote. Et iacta Salutem.*"

"Aun á España combatida,
es Ancora su piedad,
que libra de tempestad,
después que está sumergida."

"*Sobre vna Tumba magestuosa, se pintará vna Alquitara de metal, distilando por muchos caños sobre fuego; en torno de ella, muchas Rosas, y dentro vna grande, que se vea por debajo, arrojando humo claro, al Cielo.* Odor *in Fama.*"

"Aunque consuma el ardor
la Rosa mejor del suelo,
sube en espíritu al Cielo,
y acá se queda en olor."

"*Se pintará de medio cüerpo vna Estatua de metal de la Fama, con su Trompa, arrojada en medio de vn horno de fuego que se vea, y los demás pedaços rotos al rededor: Haud deletur, sed renovatur*... Chrisost. *in Thesal. I. c. 4. V. 12.*"

"No deshacer, renovar
intenta, que en su oficina
sabe la llama Divina
fundir, pero no arruinar."

Pág. 215.—"*In laudem Eruditissimi Viri D. Feliciani Gilbert de* Pisa *Fernández de Heredia, Nobilis Aragonensis Polimniam edentis: in obitum D. Felicianae Gonçalez de Barcia.*"

(latino)

Pág. 216.—"*Romance VIII.*"
(Empieza:)

"Pobre Niña, pobre Niña,
que de la tema en que dás,
quieres que me mueva a ira,
y yo me muevo a piedad."

.................................................

.................................................

"Mira que se te trasluce
toda el alma por la faz,
y en los ecos del semblante
te estoy oyendo pensar."

.................................................

Pág. 222.—"*Endechas Hendecasilabas.*"

"Celia, mientras al ayre
digo lo que padeçco,
deja que mis suspiros
trasladen lo que dice mi silencio.
Mándasme que te diga
mi dolor; no lo entiendo,
pues si voy a curarle,
casi me hace creer que no lo tengo."

.................................................

Pág. 224.—"*Al Conde de Clavijo, Señor de A guela.*"

"*Romance IX.*"

(dice de Santiago:

"*Cándido alado Cometa.*")

(Se queja de su enfermedad y del médico que le sita, y dice que es pobre):

"Ni aun quien me diga vn sufragio
tendré en dolor tan prolijo,
si yo en la vida no soy
el devoto de mí mismo.

Porque mi hacienda, y mis bienes,
siempre los vereis conmigo,
mis Raíces en mis muelas,
mis muebles en mis colmillos."

Pág. 229.—"*Fiesta de Toros.*"

"En vna como Ciudad,
vnos como Cavalleros,
en vnos como cavallos,
lidiaron vnos como ellos."

Pág. 230.—"*Al Maximo Doctor de la Iglesia, San Geronimo, en la Fiesta que le hacen los Mercaderes de Libros.*"

Pág. 231.—"*Prosiguen las Endechas que empiezan fol. 222.*" (Amorosas.)

..........................................

"Bastardas mariposas,
de oscuro, y vil incendio,
que en tornos repetidos,
huyendo de la luz, buscan el fuego."

..........................................

Pág. 237.—"*Romance X.*"
Pág. 239.—"*Soneto XXVIII.*"
Pág. 240.—(Acaba el soneto y el libro; "Fin" y grabado de águila coronada.)

---

SEGUNDA EDICION (1729)

Posee la B. N. un ejemplar en perg.º U—7.026.—**Sólo** hago constar aquello en que difiere de la primera edición.— [32 fol. + 164 pág.] 16.º En la Portada

"*Y dedica | al Excmo. Señor Conde de | San Estevan de Gormaz.*

Con Privilegio: En Madrid | A costa de Francisco Martínez Abad, | Impresor de libros: Hallaráse | en su casa, en la calle del Olmo | Bajo."

Fol. 2 recto.—Prólogo del impresor

"A el Excmo. Señor | D. Andrés Fernandez | Pacheco, Acuña, Ponce de León | etc. Conde de San Estevan de Gor- | máz, Primogénito del Ex- | celentísimo Señor Marqués | de Villena."

(En él se dice que fueron escasos los ejemplares de la primera edición, como se indicó en su lugar. Va un elogio del conde, lleno de frases de poetas latinos.)

"Madrid, i Junio 28 de 1729. | B. L. P. de V. E. Su más Rendido | Criado. | Francisco Martínez Abad."

"He visto... Madrid y Diciembre 23 de 1710."

(Debe ser 1720, porque es lo de la primera edición, que se utilizó para ésta.)

---

(Enmendó esta segunda edición algunas erratas de la primera, como la de fecha de la muerte de Bances, que pone ya 1704 en vez de 1709. También está corregida la paginación, pues va continuada; así es que empieza "El Cesar africano" en la pág. 155.)

---

## A S. JUAN DE DIOS

En un certamen literario con el motivo que el título indica, lució Bances su ingenio. Copio la portada para no omitir detalles:

"Justa literaria, | Certamen Poético, | o sagrado influxo, | en la solemne, Quanto | deseada *Canonización del Pasmo de la | Caridad, el Glo-*

*rioso Patriarca,* | *y Padre de los Pobres* | *San Juan de Dios,* | Fundador de la Religión de la | Hospitalidad. | Celebrose en el Claustro del | Convento Hospital de Nuestra Señora del Amor de | Dios, y Venerable Padre Antón Martín de esta | Corte, *el Domingo diez de Junio del año de mil* | *seiscientos y noventa y vno.* | Dedicada | al Rmo. P. Fr. Francisco de S. Antonio, | General que ha sido dos vezes de la dicha Religión, su pri- | mer Discreto, y Difinidor perpétuo, Comissario que | fué en las Fiestas de la referida Canonización. | *Y la descrive* | *Don Antonio de Sarabia, secretario* | *que fué de dicho Certamen.* | Con licencia. | —En Madrid, en la Imprenta de Bernardo Villa-Diego. | Año de M. DC. LXXXXII" (1692).

(12 fol. + 375 pág.)

---

Este libro contiene los temas propuestos en el certamen, y los trabajos premiados. Los autores más conocidos de este concurso, fuera de Bances, eran Zamora, Solís y Yáñez.

El tema del "Assunto sexto" era comparar el milagro de S. Bartolomé (que en las aguas tranquilas flotó en una caja de plomo) con el de San Juan de Dios (que de Ceuta fué a Gibraltar en medio del mar embravecido).

> "Hase de pintar la quietud del mar en el primer caso; y la ira en el segundo, dando la razón de qual fué mayor milagro, en ocho octavas, que tendrán por primer premio, vna salvilla, y vn vernegal de plata grande. Al segundo, vna joya, y lazo de oro, guarnecido de perlas y rubíes. Y al tercero, vna caxa de plata de tabaco dorada, y vn par de guantes de ambar."

Bances, que debiá tener gran devoción a S. Juan de Dios, pues fundó más tarde sus hospitales en el Presidio de Ceuta, debió llevar el primer premio de este tema, pues su composición es la primera que figura bajo el "Assunto sexto."

---

Está en la pág. 159, y la pongo entera por no figurar en la colección de "Obras lyricas" (1).

"*De Don Francisco* | *Candamo.*' | *Rimas.*" |

"De Armenia el Golfo, al Zefiro suave,
Sin rumbo vaga, sin destino hierra,
Nadante vrna, de el metal, que grave,
Fue congelado huesso de la Sierra:
Plomo, que en solidezes, vnir sabe
Los cabernosos miembros de la tierra;
Salitre duro de su vientre ciego,
Que el Sol condensa, que liquida el fuego.

De Ceuta, a Heraclea, vn leño proceloso,
Entre el Abila, y Calpe, surcar veo;
Donde puso el Teváno prodigioso
Límite al mundo; pero no al deseo:
Gime en lo estrecho el aire tan furioso,
Que el vaso (de sus ráfagas trofeo),
Pierde en el mar la senda, cuyas huellas,
Nautica docta estampa en las Estrellas.

Allí Bartolomé difunto, gira
El rubio mar, el Jonio, y el Sicáno,
Y en Líparis baxó, donde respira
La concaba Oficina de Bulcano:
Aquí JUAN, a montar el cabo aspira
De el promontorio Hesperide africano,
Donde, (a bramar por tan estrecha boca,)
Se vistió el mar las fauces de vna roca.

---

(1) Veo gran relación, no sólo métrica, pero aun de descripciones marinas, y de nombres, con la célebre composición de Góngora «*Polifemo y Galatea*».

Sereno el Golfo allí; tranquilo el viento,
Tan mansamente se arrulló dormido,
Que al silencio cecea el soplo lento,
Que el impulso le inspira, sin el ruido:
Hondas escupe (en Ceuta,) al Firmamento;
Y el Monte, que concibe su bramido,
Crece al cielo, que al eco más distante,
Las bobedas se hincharon de el Atlante.

Serenidad vertida en el acento,
Fué de JUAN la oración al viento airado,
Que perdiendo a su voz el movimiento,
Aun más que preso, se quedó cuaxado:
Vocal mordaza, tan veloz de el viento,
Que (no acabando el soplo començado,)
Al Noto fiero, le selló una roca,
Dos torvellinos, que abultó en su boca.

Si a el Apostol, en dones derramado,
Espíritu de Dios, a inflamar vino;
Qué mucho es, que otra vez fuesse llevado
En hondas el Espíritu divino?
JUAN, (que aun no de su gracia iluminado,)
Supo enfrenar el monstruo cristalino,
No en poder, en prodigio excede, quanto
Va de rogar mortal, a mandar Santo.

No es portento menor, ver elevada,
Sobre los ampos de la espuma, Nave,
(En hombres,) de delitos tan cargada,
Que el plomo es leve, con su peso grave:
El mar, sobre la vndosa tez salada,
A qualquiera cadaver, sufrir sabe;
Y al vivo no; porque apetece esquivo
Al muerto vomitar, sorber al vivo.

Que el cadaver, su espíritu apetece,
Dogma es dè natural Filosofía;
Luego desde los cielos, bien parece,

Que el alma la elevó por simpatía:
JUAN, para hazér (por más que se estremece,)
Solido el Golfo, en nombre de María,
Ninguna causa natural tributa;
Luego más suplió Dios de la absoluta."

AUTÓGRAFO 4.º

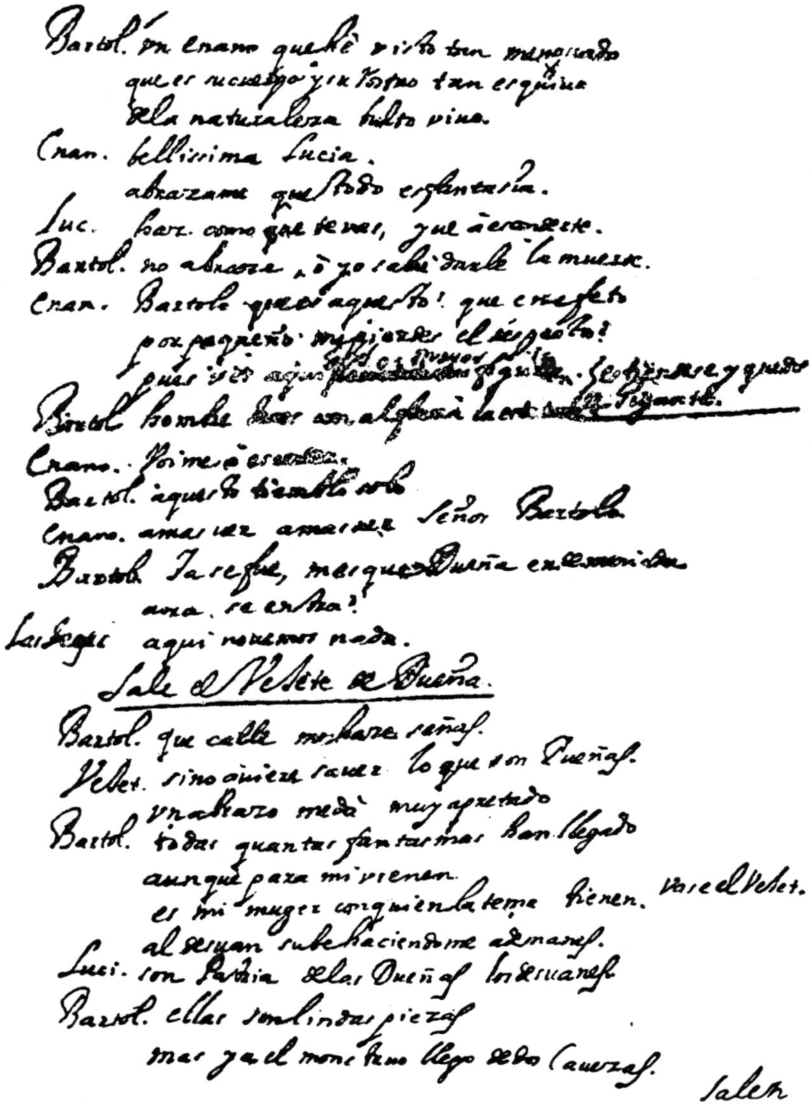
Bartol. un Crano que he visto tan menoscado
que es necesario [illegible] tan esquina
de la naturaleza bulto vivo.
Cran. bellissima Lucia.
abrazame que todo es fantasia.
Luc. haz como que te vas, que [illegible]
Bartol. no abrazare, o yo sabre darle la muerte.
Cran. Bartolo que es aquesto: que es efecto
por pequeño [illegible] el [illegible]
[illegible]
Bartol. hombre [illegible] con [illegible] gigante.
Cran. [illegible]
Bartol. aquesto tiembla solo
Cran. ama [illegible] ama [illegible] Señor Bartolo
Bartol. Ia se fue, mas que [illegible] Dueña [illegible]
ara se echa?
Las dos. aqui no vemos nada.
Sale el Vejete de Dueña.
Bartol. que calle me hace señas.
Vejet. si no quiere saber lo que son Dueñas.
una [illegible] muy apretado
Bartol. todas quantas fantasmas han llegado
aunque para mi vienen
es mi muger con quien la tema tienen. Vase el Vejet.
al [illegible] sube haciendome ademanes.
Luci. son [illegible] de las Dueñas los desvanes
Bartol. ellas son lindas piezas
mas ya el monstruo llego de dos cabezas.
Salen

De la Biblioteca Nacional.—(Sign. mss. 16.757.)—Es parte del entremés de *Las Visiones*.—Aunque hasta ahora se tuvo por dudoso, es indiscutible autógrafo, como se verá comparándole con los anteriores.

V

# Obras dramáticas.

Las obras dramáticas de Bances recibiéronse en varias colecciones manuscritas e impresas. No he de cansar mucho al lector en este preámbulo a la sección de "Obras dramáticas", porque al tratar de cada una en particular pongo una extensa bibliografía.

Pero he de indicar, por lo raras, algunas colecciones, a las que me refiero después.

---

El ms. 14.840 de la Biblioteca Nacional presenta la de *Autos | Sacramentales | Alegóricos | y historiales | De Diferen- | tes Ingeni- | os de esta | Corte.*"

Lleva orla roja, y contienc de Bances:

"1. Auto de *El Gran químico del mundo.*
2. " *Las Mesas de la Fortuna.*
3. " *El primer duelo del mundo.*
4. " *La Mística monarquía.*"

(De D. Francisco Candamo.)

De las colecciones impresas, es digna de especial mención la llamada:

*"Jardín | ameno | de varias, | y hermosas flores, cuyos | matizes, son doce comedias, escogidas.*
*—En Madrid. Año de 1704.*

Contiene:
Parte 16. *La Piedra filosofal.*
" 17. *El duelo contra su dama.*
" 28. *La Xarretiera.*

---

"Comedias escogidas de los meiores ingenios."—Madrid, 1652-1704.—Contiene:
*El Austria en Jerusalen.*
*El Duelo contra su dama.*
*Qual es afecto mayor.*
*Por su Rey y por su dama.*

---

La colección de Ortega, que citaré en el Epílogo, "Madrid, 1832", contiene en el t. I:
*El Sastre del Campillo.*
*Por su Rey y por su dama.*
*El Duelo contra su dama.*
*El Esclavo en grillos de oro.*

---

Mesonero Romanos (D. Ramón), en el t. 49 de la "Biblioteca de Autores españoles" de Rivadeneyra, Madrid, 1859, incluyó las mismas cuatro comedias de la colección de Ortega; y las mismas se incluyeron en "Comedias escogidas".—Madrid, 1826-34.

---

Y baste con las indicadas; para hacer más detenida reseña de la verdadera colección, la más completa del teatro de Bances, hecha en Madrid en 1722, en dos volúmenes.

*"Poesías cómicas | Obras posthumas | de D. Francisco | Bances Candamo. | Tomo primero. |Dedicado al ilustríssimo | Señor Don Manuel Antonio de Azevedo | Ybañez, cavallero del Orden de Calatrava, | Conde de Torre-Hermosa, Señor de la | Villa de Bayona, y su Jurisdicción, del | Consejo de su Magestad, &...*

| | | |
|---|---|---|
| *Año de* | Grabado de la fama con las iniciales del editor J. A. P. y el lema: «Docta per orbem Scripta fero». | *1722* |

Con privilegio: En Madrid, por Blas de Villanueva, | Impressor de Libros en la calle de Hortaleza. | A costa de Joseph Antonio Pimentél, Mercader de Libros | en la Puerta del Sol, vendese en su casa."

Contiene: Dedicatoria al conde, bajo su escudo de armas.—Censura de Fr. Isidoro Carrillo.—Licencia del Ordinario.—Privilegio.—Fe de erratas.—Tassa.

*Prólogo* (que por ser corto y muy interesante para la crítica, transcribo íntegro).

"Para que leas, lector amigo, estas obras Poéticas de Don Francisco Bances Candamo, es necessario prevenir algunas cosas, que después has de notar: no te prevengo que todas las obras que salen a luz en estos dos tomos, son propias, y legítimas de Don Francisco, como ellas mismas lo manifiestan; porque el metro, y el verso de una, expresan la hermandad de la otra; prevéngote, sí, que alguna Loa que falta previa en las Comedias, o Autos (aunque el autor las compuso) no se han podido hallar. La Loa del Auto del Gran Chímico del Mundo la hizo el Autor, aunque al imprimirse los autos de Don Pedro Calderón, se aplicó al del Gran Teatro del Mundo: fué fácil introducir lo que era Obra de Candamo, por Loa de Calderón; porque los dos ingenios, si no se miran competidos, se ven en sus pensamientos gloriosamente equivocados.

La Comedia de San Bernardo la dexó el Autor sin la tercer jornada, la que compuso Don Juan de la Hoz Mota, para que se representase en los Theatros de Madrid, y esta es la primera vez, que sin ser hurto, es acierto entrarse tal hoz en mies agena.

La comedia del Español más amante y desgraciado Macías, aunque estaba impressa en la parte 48 de varias, con título de tres ingenios, vno de ellos lo fué ciertamente Don Francisco Banzes Candamo, y aun el estilo de toda parece totalmente suyo; por cuya razón, se incluye en estas Obras.

Las comedias que antes de aora han sido impressas, salen en estos dos tomos purgadas de todas las erratas que contenían, aviéndolas corregido con especial cuidado hombres de inteligencia, cotejándolas con los originales del autor; pero como es casi impossible, que salgan sin erratas (aun puesto todo el cuidado) por defectos de la Prensa, notarás algunas; aunque estos yerros los dissimulan los discretos, sabiendo que es en esto el Autor inculpable.

Y vltimamente te prevengo, que con el afecto que he dado a luz las Obras comicas de Candamo, deseo dar a la Prensa todas las Obras Líricas de este Autor; para cuyo fin te suplico, y a todos los aficionados, que tuvieren algunos manuscriptos, me contribuyan con ellos, que yo les corresponderé en darles impresso el manuscripto, para que este Autor, digno por su ingenio de inmortal laurel, se eternize por sus ingeniosas obras en los aplausos de la fama.—Vale."

Sigue la

> "*Tabla | de las Poesías cómicas | contenidas en este tomo primero.*"

"Loa Para el Auto Sacramental del primer Duelo del Mundo.

Auto Sacramental del primer Duelo del Mundo.

Entremés Para esta Fiesta.

Mogiganga Para esta Fiesta.

Loa Para la Comedia de quién es quién premia al Amor.
Comedia Quién es quién premìa al Amor.
Loa Para la Comedia de la Restauración de Buda.
Comedia La Restauración de Buda.
Loa Para la Zarzuela de Orlando furioso.
Zarzuela Cómo se curan los zelos, y Orlando furioso.
Loa Para la Comedia de duelos de ingenio, y fortuna.
Comedia Duelos de ingenio, y fortuna.
Comedia La Virgen de Guadalupe.
Comedia La Piedra Filosofal.
Comedia Qual es afecto mayor, lealtad o sangre, o amor.
Comedia Por su Rey, y por su Dama.
Comedia El Vengador de los cielos, y Rapto de Elías."

---

"*Poesías cómicas | Obras posthumas | de D. Francisco | Banzes Candamo. | Tomo Segundo. | Dedicado al Muy Ilustre | Señor D. Joseph Yañez Faxardo, Dignidad | de Vicario de coro, y Canónigo de la Santa | Iglesia de Toledo, primada de las Españas, | Inquisidor Apostólico, en el Tribunal del | Santo Oficio de aquella ciudad, etc...*

(Año y grabado del primer tomo.)

Con Privilegio: En Madrid, por Lorenço Francisco Mojados, | Impressor de Libros en la calle del Olivo Alta. | A costa de Joseph Antonio Pimentél, Mercader de Libros | en la Puerta del Sol, vendese en su casa."

Contiene: Dedicatoria al Canónigo, bajo su escudo, por Pimentel; en ella se dice, entre otras cosas:

"Quedaba obscurecido el nombre del Autor; porque no aviéndose estampado todas sus obras, las pocas que avía sueltas las consumió el tiempo: algunas, que ya no parecían, se han sacado de la curiosa, y exquisita Librería del hermano de V. S. el Señor Don Juan Isidro Yañez Faxardo, cavallero del orden de Calatrava...;

otras han perecido con la vida del Autor, que tuvieron aquel mismo desgraciado destino... Madrid 10 Noviembre 1722."

Sigue la

"Aprobación de el Lic. | Don Lucas Constantino Ortiz de Zugasti, | Abogado de los Consejos de su Ma- | gestad, Su Relator en el de Castilla, y | de la Junta Apostólica, Fiscal de | la Real Junta de Sani- | dad etc. "

(Por atañer a la crítica, doy su contenido en el "Epílogo" y no aquí.) Lleva fecha de "Madrid, y Julio 17 de 1722."

Fe de erratas.—Visto del corrector.

Sigue la

"*Tabla | de las poesías comicas, contenidas | en este tomo segundo.*"

"Loa Para el Auto, el Gran Chímico del Mundo.
Auto Sacramental, el Gran Chímico del Mundo.
Entremés para esta Fiesta.
Comedia, La Xarretiera de Inglaterra.
Comedia, el Austria en Jerusalen.
Zarzuela, Fieras de zelos y Amor.
Comedia, el Esclavo en grillos de oro.
Comedia, el Sastre del Campillo.
Comedia, Más vale el Hombre que el Nombre.
Comedia, el Duelo contra su dama.
Comedia, San Bernardo Abad.
Comedia, el Español mas amante, y Desgraciado Mazías.
Auto Sacramental, Las Mesas de la Fortuna."

ASTROLOGO TUNANTE (EL)

V.

Primer Duelo del Mundo (El)
(Entremés para el Auto.)

---

AUDIENCIA DE LOS TRES ALCALDES (LA)

V.

Duelos de Ingenio y Fortuna
(Entremés para la Comedia.)

---

AUSTRIA EN JERUSALEM (EL)

(Comedia famosa.)

---

ms. 16.842 de la Biblioteca Nacional.

E.—*Federico.*

Sombra, qué quières? Mi lèy.

A.—Al Austria en Jerusalem.

52 hojas, 4.° l. del siglo XVIII, holandesa (Osuna).

ms. de la Biblioteca municipal de Madrid, con censuras de 1740 y 1777.

---

Contenida impresa en el t. 48 de "Comedias escogidas de los meiores ingenios de España (1652-1704)."

"Poesías cómicas" de 1722 t. II—pag. 100.

Valencia—1762—vda. de Joseph Orga—4.° 36 pags.

Sevilla—s. a.—Lopez de Haro.—4.°

*Argumento.*

(15 personajes y tres jornadas.)

*Jornada* 1.ª

El Rey de Napoles, *Federico de Suevia,* sueña lamentando la pérdida de Jerusalem, por la que ha recibido un pésame en Breve de Honorio III.—*Jeremías* ha cantado (durante el sueño del Rey) sus lamentaciones a *Jerusalem,* vestida de dama.—*Leopoldo* de Austria y *Juan de Breña,* Rey de Jerusalem, se presentan a Federico para que se corone emperador de Alemania y proteja el sitio de la sacra ciudad: promete hacerlo, pidiendo al Papa galeras, y que bendiga la Cruzada.

Sale Don *Alfonso de Portugal,* maestre de San Juan, y halla tendido a *Hugo* (espía vestido de turco).—Llegan las damas con la Reina *Violante* y *Gerardo,* Maestre del Temple, que se proponen sitiar a Ptolemaida en tanto llegue con refuerzos Federico.

Por su parte, el turco *Ismen* presenta (por conjuro) al Soldán de Egipto, *Saladino,* lo que ocurre en varios lugares: cómo en Ptolemaida la turca *Erminia* entra con soldados a prender en el campamento a la Reina Violante; y cómo en Nápoles se forma la Cruzada, en la que va el Rey Federico, prometido de esta misma reina.

*Jornada* 2.ª

Violante con su dama *Isbella,* está presa en Ptolemaida, mientras Federico sitia la ciudad.

Hugo (espía) entra en el jardín de Saladino fingiéndose turco de la confianza de Erminia; da a Violante un libro que, dice, se le ha caído: quiere Saladino (enamorado de Violante) pagarle a Hugo su acción, con un anillo; al ir a tomarlo, se le caen un retrato (que oculta), una bota y un pernil: de los últimos da por disculpa él que los lleva para convidar a los cristianos; pero le quita Saladino el retrato, y al verse que es de Federico, Violante *miente dignamente* (si cabe) reclamando el retrato que dice iba en el libro. Violante va a compensar a Hugo su acción, con una joya en que va el retrato de la dama, cosa que a todo trance quiere Saladino para sí; pero ella le da, si lo quiere, el primer retrato (de Federico).

(Mutación).—Los Cruzados, todos de luto por la prisión de Violante, prometen recuperar Jerusalem, para cuyo sitio se preparan comulgando.

Llega Hugo a ellos y trae respuesta en que Violante promete esperar por la noche, vestida de hombre.—Federico busca barba postiza para disfrazarse.

(Mutación).—Finge Violante que va a descansar a la habitación, para disfrazarse.—Hugo, ayudado de Federico, llega con vino y carnes a convidar al moro viejo que cuida el jardín: por miedo de dormirse con el vino, les da la llave (que han de echar por bajo la puerta) para que pasen a ver a Erminia.—Cuando Federico va a entrar, llega Saladino; pero oye el nombre de Federico, y se retira, por creerle un súbdito suyo y no querer desprestigiar su autoridad (pues "Federico es la seña de sus soldados); huyen con Violante, en tanto vuela por el aire con cimientos la casa de Nazareth, y asaltan ya la ciudad los cristianos.—Leopoldo trae todo el traje ensangrentado, menos la banda blanca, lo que hace que Federico dé a los Austrias por blasón "banda blanca en campo rojo."

---

*Jornada* 3.ª

Federico, Leopoldo y *Manfredo* ven la ciudad santa desde el monte Olivete; desde el Sión, la ven Violante, el Rey e Isbella. Entre ambos montes, en el valle de Josafath y torrente Cedrón, entran Alfonso, Gerardo, Hugo y otros.—La música anuncia la victoria, y todos se arrodillan ante la ciudad recordando los próximos parajes.—Suena dentro alboroto de lucha, y sale Erminia con el rostro sangriento y la espada desnuda, con deseo de morir cristiana; la recoge Alfonso y la lleva, bautizándola antes.

Saladino ha salido con sus soldados contra los cristianos (que iban a retirarse); pero al ver a Violante, echa atrás a los suyos, por el amor que la tiene.—Comentan los soberanos las cosas buenas de Saladino, la conversión de Erminia, y la capitulación de Jerusalem. Ismén sale con las llaves de la ciudad.

(Pregunta con marcado influjo calderoniano:

"Qué accidente o frenesí
te ha turbado la razón?
Qué delirio, o qué ilusión...")

Al ver cristiana a Erminia la dice que es de origen cristiano, hija del conde de Trípoli, a la que robó de la cuna el Emir de Ptolemaida. Pide también él el bautismo; le apadrina Federico, que celebra sus bodas.

"Dando fin
a el Austria en Jerusalem."

---

BAILETE DE FIN DE FIESTA

V.

Duelos de Ingenio y Fortuna.
(Baile para la comedia.)

---

BODAS DEL CORDERO (LAS)

(Atribuída a Bances o a Zamora.)

V.

Mística monarquía y las Bodas del Cordero (La)

---

CAMBISES TRIUNFANTE EN MENFIS

V.

Cuál es afecto mayor, lealtad o sangre o amor?

## COMO SE CURAN LOS ZELOS Y ORLANDO FURIOSO

(Loa para la zarzuela.)

---

Impresa en "Poesías cómicas" de 1722 t. I.—Pág. 171. Fiesta que se representó a sus | Magestades, en el Coliseo del Buen-Retiro, en celebridad | del felize nombre del Rey nuestro Señor Carlos II.

---

*Argumento.*

---

La *Música* y luego *España*, cantan lós prodigios de sus reyes.—Corrido el cuadro, aparece el *Genio del nombre* coreado por seis naciones que tienen delante otros tantos braseros de forma de medias lunas. Va el Genio ensalzando los auspicios de los nombres reales, mientras cada nación quema en honor de sus reyes

| | |
|---|---|
| Babilonia................ | *C*edro |
| Persia...................... | *A*roma |
| Egipto...................... | *R*osas |
| Roma........................ | *L*aurel |
| Constantinopla.......... | *O*lmo |
| Siria.......................... | *S*iemprevivas |

cuyas iniciales hacen el nombre de *CARLOS*, a quien España ensalza.—La *Noticia* hace historia de reyes cuyos nombres empezaron por esas letras.—Varias veces se canta durante la loa la siguiente estrofa, con que termina:

"Porque en ritos diversos
todos repitan,
el Real nombre de Carlos
eterno viva".

(Tiene algunas liras, con endecasílabos anapésticos de gaita gallega.)

## COMO SE CURAN LOS ZELOS, Y ORLANDO FURIOSO

(Zarzuela.)

---

Impresa en "Poesías cómicas" de 1722, t. I.—Pág. 177.

---

(Se estrenó en el Buen Retiro por la compañía de Agustín Manuel de Castilla el día 22 de diciembre de 1692, en fiesta al cumpleaños de la Reina madre Doña Mariana de Austria.)

---

*Argumento.*

---

(19 personajes y dos jornadas.)

---

*Jornada* 1.ª

Selva florida con cazadores de ambos sexos. *Astolfo* (galán inglés) baja del aire en caballo alado, con cetro de oro y escudo de cristal; y al ver a la francesa *Armelina* y a *Lisarda* se baja del corcel, que vuelve a volar solo. Las damas (que no creían en encantamientos) se han asustado, y él las cuenta el misterio: *Orlando* (palatino francés, prometido de Armelina) está prendado de la india *Angélica* y se ha ido por ella; pero como su presencia es necesaria en París (sitiado por los africanos) viene en busca de él, recorriendo montes y ciudades en el "hipógrifo veloz" que le dió el mago Malgesí, con la lanza de oro de Argasía (capaz de tirar de la silla al caballero que tocare), y con el vítreo escudo (que deshace todos los encantos).—Se separan de Astolfo, y aparece una casería rústica, donde bajo un emparrado está Angélica con su galán *Medoro*, en compañía del pastor *Bato* (viejo), y de las indias *Belzorayda* y *Nicanora;* danzan ante ellos pastoras y pastores cantando:

"Sea parabién
la unión siempre feliz
de Angélica la bella,
con Medoro el gentil."

Armelina, Lisarda y Astolfo escuchan el diálogo.—Angélica, para premiar a Bato lo bien que le cuidó a Medoro, le da un brazalete de oro con brillantes, antiguo regalo de Orlando, para que jamás Medoro lo vea; pero éste lo quiere como despojo del antiguo amante por él vencido.—Armelina se lo arrebata a Bato y le dice:

"A mi castillo acudid,
Bato, quando el sol descienda,
Y en rescate de esta prenda
quanto quisiereis pedid..."

Cuenta Angélica (en largo romance) su vida a Astolfo; cómo, hija del emperador de Cathai, vino a poner discordia entre los enemigos de su padre; y, codiciada de muchos, fué Orlando su más decidido seguidor, que aún la busca; ella (sin contar las causas) le dejó, y huyendo al bosque, encontró y recogió herido a su actual esposo el africano Medoro, a quien tanto ama que

"No ay en todo el Bosque chopo,
cuya corteza no obstente
nuestros dos nombres gravados,
a donde tan fixos queden,
que sensitivos producen,
y vegetativos crecen."

Sin querer Astolfo descubrir sus propósitos dice a Bato que le lleve a la cueva de *Melisa.*

(Mutación.)—Por delante de una gruta, en un bosque de árboles con formas humanas, salen Orlando y su escudero *Gabrino;* van en busca de Angélica.—Dentro canta Melisa:

"No entres a este bosque, Orlando,
Porque importa a tu decoro
Y a tu vida"

Y al poco rato, sale Melisa vestida de galán francés con un espejo en la mano, con que ve los celos existentes, finge los que no existen y destroza siempre así al amor. Los árboles cantan sus desdichas: son héroes encantados por seguir a damas hermosas.—Descúbrese Melisa a Orlando, y le ruega se retire del bosque si no quiere arder en celos; al ir a retirarse lee en los árboles los nombres de Angélica y Medoro, que hace leer a Gabrino para cerciorarse mejor:

...“Nunca profanes
esta gruta, o peregrino,
pues de Angélica y Medoro
enredó amor en su sitio
los primeros dulces lazos.”

Furioso Orlando da tajos a los árboles (que se quejan) y les prende fuego, entre protestas de Melisa, mientras Gabrino llama a los pastores, puesto que Orlando está loco.—Se sorprenden Astolfo, Armelina y Lisarda; sale de su cueva Angélica (que ve a Orlando) y con ella Medoro.—Todos ruegan a Melisa temple la furia de Orlando; pero ella quiere castigar su temeridad en el amor, y lleva a todos a la cueva encantada.

---

*Jornada* 2.ª

Melisa (de francesa) en su jardín oye las súplicas de Astolfo y Armelina para que vuelva el juicio a Orlando, a quien quieren el primero como caudillo de París, y la segunda como prometido. Angélica (recelosa de sus venganzas) pide lo mismo, sin que Medoro se entere. Quieren todos saber “como se curan” los celos, cosa que Melisa cree difícil en quien está ya loco de ellos; lo intentará sin embargo, presentando en formas sensibles lo que Orlando padece.—Y ven que Gabrino huye de él; el *Odio* (con alas y flechas) en que se trocó el amor, también huye; el *Olvido,* con media mascarilla; y el *Entendimiento* (viejo) le muestran lo que ocurrirá en París, mientras él está loco en sus devaneos.

(Mutación).—Jardín con estatuas, y cuatro fuentes de agua y cuatro de fuego; el Olvido y el *Amor;* alternan los coros en esta forma:

*Odio.* —No olvides, no, no.
*Coro* 1.º—No, no, no.

*Olvido.* —Sí olvides, sí, sí.
*Coro 2.º*—Sí sí, sí."

El Olvido le manda beber el agua, y el Amor el fuego; mientras el Entendimiento quita al Olvido la media máscara y le convierte en *Memoria*.—Desaparecen las fuentes, y sale el *Desengaño*, que le dice cómo su amada se casó con otro; al querer matarle Orlando, le responde:

"Porque es el desengaño
tan raro trage,
que no les sirve a aquellos
para quien se haze."

Vanse: el Desengaño con el Entendimiento, y Orlando con el Odio.—Astolfo, Angélica y Armelina, convienen con Melisa en que está incurable.—Quieren intentar curarle por ausencia y olvido.

(Mutación).—Por el bosque pregunta Orlando al Odio: si me oculto "¿quién ha de acordármela?" Yo, dice el *Pensamiento* (con velos y alas), y le muestra lo que hace Angélica en su casa.

(Mutación).—Angélica, con Medoro dormido en sus brazos, entre suaves músicas y aire de abanicos.—Quiere Orlando romper su propio pensamiento; pero no puede, y desaparece la visión.—No puede apartarse de pensar en su amada, y, arrastrado por el Odio y el Pensamiento, vuelve a preguntar a Melisa dónde está Angélica.

(Mutación).—Melisa sale al jardín con cortejo de cuatro galanes y cuatro damas francesas formando sarao; quiere que Orlando se divierta y busque otra hermosura, para que se olvide de la anterior amada; él, no puede.—En último extremo hace Melisa una sombra de Medoro, despreciando a Angélica, para que Orlando se vengue de ella; lejos de eso, muévese a compasión, mientras sigue al Odio (que ha quitado la máscara) convertido en Amor; deja el Pensamiento en Angélica.—Astolfo, quiere ir a París a dar la noticia de la incurable locura de Orlando, mientras Melisa le propone acudir al último remedio. Tal vez sea enfermedad física; si es lunático, deben ir a la Luna a buscar hierbas que le curen.—Van, Astolfo en el hipógrifo, y en un dragón Melisa.

(Mutación).—En el palacio de la Luna están (hilando, devanando, y cortando a tijera) las tres Parcas, y el alado anciano *Tiempo*. (Cantan el estribillo que se repite hasta el fin).—Piden Astolfo y Melisa al Tiempo la salud de Orlando.—Entre vidrios de colores, muéstrales sesos humanos cristalizados, uno de los cuales es el de Orlando. Sale éste, oprimido, entre dos hombres. Dice el Tiempo a Melisa, que son buenos sus remedios; pero no es ella la que debe aplicarlos:

"El Odio vuelto en Amor,
que el Olvido le estimula,
la Ausencia que le aconseja
cómo vencerá en la fuga;
la diversión de otras damas
que alivien el pesar de una
son eficaces remedios
para sanar sus locuras;
pero han de ser por mi mano,
Melisa, y no por la tuya...
..................................
que locuras de los zelos
el tiempo solo las cura."

Hace que el Entendimiento lo aúne todo, y le dice con razones vaya a París, a lo que ya accede Orlando.—Cesan los celos, porque ve que todos han procurado su salud, y cuando Bato vaya al castillo de Armelina (por el pago del brazalete) ya Orlando será su esposo.—El Tiempo quita a la parca *Cloto* la tijera para que no corte la vida del Rey Carlos II, mientras Melisa desvanece la fábula que tomó del Ariosto (lo dice así).—Cae el telón entre la música que repite:

"Que a los tornos del tiempo anda la vida
en el cóncavo Alcazar de la Luna."

(Aparte de la influencia del "*Orlando*" de Ariosto, que el mismo Bances declara, conviene notar la del encantador romance de Góngora "*A Angélica y Medoro*."
En cuanto a las combinaciones, lo mismo emplea las quintillas que las seguidillas cortadas y las brillantes décimas de Calderón).

---

## ¿CUAL ES AFECTO MAYOR, LEALTAD O SANGRE O AMOR?

(Comedia famosa.)

"*Triunfo de Tomiris*" o "*Cambises triunfante en Menfis.*"

---

ms. 16.603 de la B. N.
E. De Isis al templo dichoso.
A. el perdón sólo por lauro.
66 hojas, 4.°, l. del siglo XVII.—(Osuna).
La Biblioteca Municipal de Madrid posee otro ms. con censuras de Cañizares de 1704 y 1707.

---

Vol. 48 de "Comedias escogidas de los meiores ingenios de España (1652-1704)".
Tomo 1.° de la "Coleccion de las mejores comedias nuevas que se van representando en los Teatros de esta corte".
Tomo 2.° de "Comedias de varios autores", en que se contiene una edición sin lugar ni año.—24 hojas.
[1789?]
Madrid.—"Poesías cómicas" de 1722, t. I, pág. 376.
Madrid.—[1765?]—Edición de lujo, que lleva al comienzo un extracto del argumento, y los repartos.—Con la loa heroyca titulada "*Feliz el mérito reyna si la dicha le acompaña*"; el intermedio de "*El Gallego*", y el saynete de "*Los Forasteros*".—(Estas piezas secundarias no son de Bances, y corresponden a la época de la edición, pues la loa habla del "*numen de Candamo*", y en el sainete se encuentran ya *tonadillas*.)

Madrid, 1789... Representada nuevamente con el título de "El Triunfo de Tomiris", en la celebridad de la exaltación al trono de... Carlos IV.—4.°

---

(Esta Comedia, según afirma Paz y Melia (1), se representó por primera vez en una "fiesta a SS. MM. que se hizo el Domingo de carnestolendas".)

---

*Argumento.*

---

Fiesta que se representó a sus Magestades.
(13 personajes y 3 jornadas.)

---

*Jornada* 1.ª

La reina de Scitia, *Tomiris*, con su dama *Lisenia*, después de un naufragio (de que las ha salvado el soldado griego mercenario *Euformión*) ven amanecer en las playas que bordean el Nilo, en tanto que se hunde la escuadra scita. Tomiris premia a Euformión con una joya.

Sale la princesa egipcia *Fenisa* con sus damas y, oculta Tomiris, oye cómo canta la esclava egipcia *Eudoxia*; van a cazar fieras para sacrificar en el templo de Isis. El galán sátrapa egipcio *Cloriarco* (con su criado gracioso *Lepín*) va con sus tropas contra el sitiador de Menfis, el Rey persa *Cambises*.—Al encontrar a Fenisa, cuéntala el naufragio de Tomiris, que precisamente venía en apoyo de los egipcios; y Fenisa se va descorazonada a orar al templo.

Tomiris ha encontrado a Cloriarco, y le desprecia, dando a besar la mano a su criado Lepín, y no al señor.

Cambises cae ante Cloriarco, mientras éste es lla-

---

(1) Catálogo de mss. de la B. N.

mado por el Rey *Amasis* de Egipto (padre de Fenisa). Surge aquí un incidente con los soldados egipcios que quieren maltratar a Cambises: este les perdona y saca un retrato de su Rey (él mismo) con lo que todos le reconocen, y se presenta a parlamentar con Amasis. Se trata de acabar la guerra, casándose Cambises con Fenisa. Receloso el anciano Amasis de que su nuevo yerno le matará (según el oráculo), decide que se case Eudoxia (que se parece a Fenisa) con el rey persa. En el templo hay un retrato de Tomiris degollando a Ciro (que era padre de Cambises); al verlo éste, se enfurece y saca la espada; pero la propia Tomiris (mujer varonil y guerrera) que está al paño, sale con su desnuda espada contra él; luego la ayuda Cloriarco; y el persa *Presaspes* ayuda a su rey.—Salen todos al ruido.

Euformión (amante de Eudoxia) la reconoce en la supuesta princesa.—Se produce una gran confusión de personas.

---

*Jornada* 2.ª

Fenisa (como criada de Eudoxia) va a asistir a sus fingidas bodas; dice a Tomiris (que ama a Cloriarco) que le diga que quisiera casarse con éste. Con tal embajada, viene Cloriarco con recado de Cambises; pero llega gente y no puede comunicárselo.—Más tarde se piden audiencias en propuesta de paz; y mientras finge Tomiris retirarse, quédase tras la celosía que da al jardín, a donde ve salir a Fenisa con las damas.—Cloriarco dice a Fenisa que jamás ha de ser de Cambises; sale éste oyéndolo, pero se detiene y va a hablar con Tomiris por la celosía. Creyéndose ya soberano de Egipto, la promete la paz con los scitas; a lo que Tomiris le dice que aun no es soberano para pactar, pues no ha hecho las bodas con la princesa: le arroja el guante de reto, que se disputan Cloriarco (por creerle prenda de amor) y Cambises (pues cree que Cloriarco quiere batirse en lugar suyo); pero Cambises hace que Lisenia lo dé a Tomiris, porque él no se bate con damas.

Euformión (con la joya que le dió Tomiris) se presenta a Eudoxia, y ésta se la quita, porfiando en luchar con ella.—Celoso Cambises de su supuesta amada, manda agarrotar a Euformión, que (para no morir) descubre el engaño de que el rey persa es víctima.—Vengativo Cambises, promete reducir el Egipto a cenizas; van a prenderle; quiere huir; y ante Tomiris que sale desafiándole, se arroja al Nilo para huir a nado, por no luchar con una dama.

---

*Jornada* 3.ª

Tomiris ha devuelto las cartas a Cloriarco y le pide (por medio de Lisenia a Lepín) le vuelva también un retrato que de ella guarda.—Ve que le ha mandado papeles en blanco y una tabla sin la pintura del retrato.

Comenta Amasis el triunfo de Cambises en Menfis; pero que había de luchar con Tomiris antes de asaltar la ciudad, yendo a ella ambos en lanchas por el Nilo.—Fenisa (celosa) no quiere que escoja Tomiris a Cloriarco para su ayuda; y escoge a Euformión; despechado Cloriarco, dice que ella es la que ha borrado con el olvido los papeles y el retrato.

Tomiris (de hombre) con Euformión, luchará desde una barca con Cambises y un soldado en otra; pero Cloriarco, Lepín y Presaspes por la ribera opuesta toman parte en la lucha.—Al ir Cloriarco a cogerla para echarla al río, descúbresele Tomiris.—Se conviene en que ésta luchará sola con Cambises, y Cloriarco con Presaspes; pero éstos se batirán primero.—Con esta estratagema, echa Cloriarco su espada al río, y toma la de Tomiris; que sin armas no puede lograr su deseo de luchar con Cambises, y lo hace en su lugar Cloriarco.—Este cae respetuoso ante la dama, y Cambises también, pero vencido.

Ante Amasis sitia Cambises a Menfis; y al caer Tomiris con la celada rota, se desmaya Cloriarco.—Enterado Cambises de estos amores, se enfurece y manda matar a todos, menos a Cloriarco, que le salvó dos veces la vida, por lo cual le concede la vida de otro que ha de escoger. He aquí la lucha entre la *lealtad* al Rey Amasis, la *sangre* de su hermano Clodio prisionero, y el *amor* a Tomiris.—Al Rey, a quien debe su vida, le da la suya propia, y da la otra a su dama.—En vista de tal valor, Cambises perdona a todos y se desposa con Fenisa, a la vez que Euformión va con Eudoxia a Grecia y calla Lepín sus importunos celos.

---

## ¿CUAL ES LA FIERA MAYOR ENTRE LOS MONSTRUOS DE AMOR?

V.

Fieras de celos y amor.

---

## CUAL ES EL MAYOR APRECIO DEL DESCUIDO DE UNA DAMA

V.

Xarretiera de Inglaterra (La)

---

## DESGRACIADO MACIAS (EL)

V.

Español más amante y desgraciado Macías (El)

---

## DUELO CONTRA SU DAMA (EL)

---

ms. 15. 173 de la B. N.
E. Tragiste la escala?
*Celio.* —Sí.
A. perdón o aplauso merezca.

49 hojas, 4.°, l. del siglo XVIII (de mano de Juan García), holandesa.

(A fin va una carta de Miguel Vela a Juan García, preguntándole el motivo de haber despedido de su compañía a Escamilla.)

Otro ms.—16.010, 49 hojas, l. de fines del siglo XVII. (Osuna.)

Otro ms.—17.020 l. de fines del siglo XVII.—(Osuna.)

Otro ms.—16.873, 52 hojas, copia del siglo XVIII.—(Osuna.)

---

Contenida en el t. 30 de "Comedias escogidas" (1826-34).

Idem en el t. V. de "Comedias varias" (es la edición de Salamanca.—Santa Cruz.)

Idem en el t. 48 de "Comedias escogidas de los meiores ingenios de España" (1652-1704).

Idem en el t. 17 de "Jardín ameno de varias y hermosas flores". (Es la edición de Madrid.—Gabriel Leon).

Idem en el t. 49 de la "Biblioteca de AA. españoles" de Rivadeneyra.

Idem en el t. 4.me du "Theatre espagnol".

---

Salamanca, sin año.—Imprenta de la Santa Cruz—4.°

Sevilla, sin año.—Imprenta Real.—4.°

Sevilla, sin año.—Francisco Leefdael.—4.° 32 pág.

[Madrid], sin año.—En la librería de los herederos de Gabriel Leon.—20 hojas.

En "Poesías cómicas" de 1722, t. II, pag. 339.

"La Fidelité difficile", en espagnol, "El Duelo contra su dama", comédie en 3 journées de... *Bandes* (sic). "Trad. en prose par Linguet".—Theatre espagnol 1770, t. 4me.

Valencia, 1782.—Orga, 4.°

Madrid, 1832.—Ortega, t. I, 8.°

(El 18 de Enero de 1691 a las 3 de la tarde se representó por la compañía de Agustín Manuel de Castilla "A los años de la Archiduquesa" madre de la nueva Reina).

---

*Argumento.*

---

(Comedia famosa.)

(15 personajes, músicos y acompañamiento, 3 jornadas.)

---

*Jornada* 1.ª

*Lotario* con el criado *Celio* va a saltar por una escala al castillo de *Margarita,* de acuerdo con la dama de ésta, *Laureta.* Pero Margarita recibe carta de su primo *Enrique* de Lorena; y ambos amantes traen la misma señal: que Laureta cante; ésta finge desmayarse, pero por fin canta, y aparece Lotario, a quien Margarita encierra en una galería que da al jardín, no sabiendo qué solución tomar; pero por una ventana oye los amores de ella con Enrique. Sale rompiendo los vidrios, y cae herido por Enrique, que a su vez desprecia a Margarita (por creerla falsa) y la dice que va en busca de su antigua amada *Matilde.*

Sale Matilde, en compañía de *Lisarda* (criada) y recibe al Infante *D. Fernando de Portugal* y al *Príncipe de Bearne.* Cuenta a sus damas Matilde cómo de niña fué sacada del hielo por Enrique de Lorena, en un juego de trineos.

Al ir de cacería, asaltan cuatro ladrones a Enrique y a su criado *Roberto;* al extrañarse el primero de hallar ladrones cerca de la corte, dice el segundo:

"¿Pues no los hay dentro de ella?"

Huyen al llegar el carruaje de Margarita y Laureta.— Como Enrique no puede, según dice, casarse con Margarita, ésta le pide una promesa que es no revelar que es mujer.

Matilde va en caballo desbocado, en la cacería; y salen todos a auxiliarla, consiguiéndolo únicamente Enrique, que la trae en brazos a presencia de Margarita; ésta se la quita, y dice que es *D. Fadrique de Aragón* que la ha salvado, lo que deja mal a Enrique. Este lucha con Margarita, según ella dice, por hablar con poco decoro de Matilde.

---

*Jornada* 2.ª

Laureta pasea por los jardines con el criado Roberto, para que la diga éste algo de su amo Enrique; al poco tiempo, llama Margarita para que la ayuden a vestirse. Entre músicas, vístese Margarita a la española, con hábito de Santiago.—Roberto habla mal de su amo Enrique y de la dama que éste tenía; y Margarita le da con la daga, de lo que Roberto va quejándose a Enrique.—Habla éste con Margarita en el jardín, a la vista de Matilde, oculta en un balcón entre frondas. Ha caído una cinta que creen de Matilde, y luchan por ella también D. Fernando de Portugal y Gastón de Bearne, después de lo cual la entrega Enrique a su dueña; pero, no satisfechos los demás, se citan para nuevo duelo, en el que Enrique se ve en el caso de luchar al lado de su dama, poniéndola en riesgo.--Cambian el lugar del desafío (con lo que se puede despistar a Margarita); pero llega ésta y se quiere batir con Enrique, puesto que la ha engañado. A Enrique lo manda a llamar la Condesa Matilde.

---

*Jornada* 3.ª

Por un lado los combatientes, y por otro Matilde con sus damas sale pidiendo la suspensión del desafío; en tanto Margarita saca la espada y trata de villano y traidor a Enrique, delante de todos, por haber faltado a una palabra. Pide público torneo con él, llevando ambos, petos de acero.

Lotario viene en busca de Margarita, y al hallar a Enrique quiere vengar en él la antigua herida del jardín; pero suspende el lance hasta que Enrique vuelva por su honor en el otro que tiene pendiente.—Admírase de ver a Margarita, tratada de Infante; pero al reconocer a Laureta (de hombre), se entera del secreto que debe guardar.

Llega el verdadero D. Fadrique de Aragón, y al verse anunciado en el cartel, para el duelo, sospecha que alguno ha usurpado su nombre; lo que vengará, presentándose el día del desafío a luchar con ambos contendientes.

Ante el trono de Matilde van compareciendo en la plaza los padrinos; y los que han de luchar, al ser llamados por el pregón, deben descubrir la cara. Al llamar a D. Fadrique sale también Margarita, y de parte de ella Enrique y Lotario (que ella rehusa). *Adolfo*, juez de campo, dice que debe concederse el duelo a la persona que lo ha pedido, y no al nombre solamente. D. Fadrique se batirá con el que triunfe.

Enrique elegirá las armas y condiciones: pone la de luchar sin petos y con el pecho desnudo, si bien (por pudor) se ha de cubrir de cendal; entregarán una túnica a cada uno, para que vayan a la tienda de campaña a prepararse. Pero Margarita llora a los pies de Enrique, y éste le da la mano de esposo, en medio de las felicitaciones de todos.—Matilde resolverá en consejo quién ha de ser el Conde de Flandes.

---

## ¿DUELOS DE AMOR Y DE CELOS?

V.

Sastre del Campillo (El).

---

## DUELOS DE INGENIO Y FORTUNA

(Loa para la Comedia.)

Impresa en "Poesías Cómicas" de 1722, t. I, pág. 224, y con la comedia en otras ediciones que se citan.

---

*Argumento.*

---

"Fiesta a sus Magestades, | al feliz cumplimiento de años del Rey | nuestro señor Don Carlos II, en el Real Coliseo | de el Buen-Retiro".

(16 personajes y 3 coros.)

---

De la cortina solo interesa este dato:

"*y dando luz a un Relox, que teniendo principio en el número veinte y seis (que es el feliz, que el Rey nuestro señor llenó en su dichosa* edad aquel día)..." (1687.)

---

La *Poesía* (cabalgando en un Pegaso) y la *Historia* (en un pavón) porfían por cantar las glorias del Rey; y el *Amor* (sobre blanca paloma) pone paz en la discordia.—(Mutación.)—Aparecen luego en el templo de la *Fama*, ésta con sus 9 héroes, y el Parnaso con *Apolo* y las 9 musas. En medio la estatua del Rey Carlos; junto a ella está *América* (con coro de indios) y *España* (a la que se somete el coro de africanos).—Los emperadores, Apolo, la Poesía y la Historia, se reúnen para cantar en honor del Rey.

---

## DUELOS DE INGENIO Y FORTUNA

(Comedia famosa.)

ms. 16.591 de la B. N.
E. Vuelen al aire, al aire,
A. de ingenio y fortuna.

70 hojas, 4.º, l. de fines del siglo XVII, holandesa.—(Osuna.)

---

Madrid, 1687.—Bernardo de Villa-Diego.—folio.—con loa, entremés y dos bailes, titulados los 3 últimos: "*La Audiencia de los tres alcaldes*", "*El flechero rapaz*" y "*Bailete de fin de fiesta*".

(La B. N. posee un ejemplar de lujo en pergamino, procedente de la Biblioteca de Barbieri y otro en pasta con sello de Gayangos).

Otra edición sin lugar, imprenta ni año.—4.°, 20 hojas.

Contenida en "Comedias de varios autores", t. 21.
"Poesías cómicas" de 1722, t. I, pág. 229.

---

(Esta comedia se hizo, como indica el subtítulo de la Loa, para el santo y cumpleaños del Rey, que eran el 4 y 6 de Noviembre.—Las compañías de Simón Aguado y Agustín Manuel de Castilla ensayaron muchos días dos comedias: "*Guerras de celos y amor*", de D. Matías de Ayala, para el día 4; y "*Duelos de Ingenio y fortuna*", de Bances, para el 6.—Tal vez a causa de una de las casi continuas dolencias del Rey no hubo función el día 4 y sí el 6; por lo cual se dejó la de Bances para el día 9.—Dada la complicada representación de esta comedia, se comenzaron los ensayos el 11 de octubre, y luego siguieron los días 1, 2, 3, 4, 5, 7 y 8 (que hubo ensayo general), para estrenarse el 9 *en el saloncete* del Buen-Retiro, según afirma el docto señor Cotarelo.)

*Argumento.*

(25 personajes, 6 coros y 3 jornadas.)

*Jornada 1.ª*

El joven *Arión* (hijo de Neptuno y de Cintia), llega por mar a la isla de Delfos, y es perseguido por el Capitán *Arsidas*.—*Himeneo* (hijo de Apolo y de Caliope), viene a ver a su amada, no obstante el hado de Apolo, que le dice morirá a costa de ella.—Tanto Arión como Himeneo, pues son forasteros, deben ser sacrificados en las fiestas de Apolo; pero al invocar a este dios, baja la *Fortuna* a luchar con él, y todos oirán:

"el célebre duelo
de Ingenio y Fortuna"

Duelo en que *Marte* (con su carro) apoya a Apolo, mientras el *Amor* (con el suyo tirado por mariposas) se pone de parte de Fortuna.

*Periandro* (Rey de Corinto), ha sido derrotado por el corsario *Pandión*.—Venía el Rey a ofrecer a Apolo el tributo, pero también a buscar una beldad que viera en la isla, y cuyo retrato perdió.—Como Pandión no ha logrado el botín de la nave hundida del Rey de Corinto, echa pie a tierra para saquear el templo de Apolo délfico con sus riquezas.—Muestra Himeneo a Periandro, con quien habló, un retrato que también él tiene (y le dió *Silvano*, gracioso), retrato que Periandro verá más tarde; pues ya sale Arión atado, con las sacerdotisas del dios, entre las que puede ver Periandro a la beldad que adora.—Se retan él e Himeneo, porque el retrato es el de la misma mujer.

(Mutación).—Fortuna, sale sobre un orbe de plata y una vela de un navío, entre coro de sirenas; Amor, en el aire, con coro de cupidillos; presencian la lucha; pero al salir Pandión contra Periandro, Himeneo se pone de parte de éste, en contra del corsario, común enemigo.

*Jornada 2.ª*

Durante la lucha, baja Cupido sobre un cisne, y se cruza con Fortuna que sube en su rueda con alas. En el templo de Apolo va Arión a ser inmolado, cuando Pandión y los suyos entran disfrazados a incendiarlo; perdona el dios a la víctima, pero ya arde el edificio, agitando Fortuna el incendio con sus alas. Lucha entre tanto Arión por su madre Cintia, y le apoyan Himeneo y el dios Marte, que matan a Pandión y persiguen a los demás corsarios.

(Mutación).—Cintia ruega a Arión se detenga porque no tiene nave en que seguirles.—*Eritrea* y las musas llevan preso a Periandro y soldados, yendo detrás Arsidas, Himeneo y Cupido.—Himeneo ha cogido cautivo a Periandro, de quien no toma más que el retrato, y cede las riquezas a Arsidas; da gracias a Fortuna, mientras se queja de ella Himeneo.—Periandro se extraña de hallar en Delfos a Arión, y le pide el retrato que perdió.

(Mutación).—En el claustro del templo danzan Cupido y Fortuna entre galanes y damas disfrazados.—Cupido dice a Fortuna que es preciso ame Himeneo a Eritrea (ya que ha de morir a costa de su amada); Himeneo se quita la máscara.—Entran Periandro disfrazado, y Arión sin disfraz. Como Himeneo saque y mire el retrato, dale un golpe en el brazo la Fortuna, tirándoselo a los pies de Arión.—Agradecido Arión de Himeneo (que le defendió de los corsarios) quiere volvérselo, pero no sabe qué hacer, puesto que Periandro (su Rey) también se lo pide; se apodera del retrato Eritrea.—Quéjase Fortuna, a la vez que Apolo baja alegre en una saeta y promete buscar esposo a Eritrea para el primer solsticio; debe ésta consultar con el *Desengaño*.—Se forma tempestad, huyen las mujeres, Periandro e Himeneo quieren auxiliar a Eritrea.

(Mutación).—El Desengaño es el reverso del *Engaño* (dama adornadísima) y habitan ambos en un palacio de cristal.—Consúltanles Himeneo y Eritrea; y ven las figuras encantadas por el engaño y por el desengaño en el amor, mientras los coros de uno y otro alternan:

"Amantes, amad, amad"
"Amantes, temed, temed".

Promete Eritrea ser siempre esquiva; Himeneo será siempre amante.

---

*Jornada* 3.ª

Pandión ha libertado a Periandro para salvarle en naves corsarias, y van a robar a Eritrea para llevarla. Es noche estrellada aunque oscura; y pasan ante las rejas y miradores de jardines sobre el mar.—Himeneo sale con Arión, que canta hermosamente (a lo que dice el gracioso Silvano:

"Si la voz tuviese cara
qué hermosa dama serías!...." )

Cuenta Himeneo cómo Apolo elige al día siguiente (Ier solsticio) el esposo para Eritrea. Arión quiere sacar a Cintia, que sale con Eritrea y las Ninfas (a ver las góndolas iluminadas y oir las canciones marineras).—Hablan todos a las rejas; conviénense Pandión y Periandro con los navíos; saca Arión a Cintia (que confundido da a Pandión para que la embarque). Roba Periandro a Eritrea (que, engañado, entrega a Himeneo), pero queda en brazos de Arión mientras se baten Himeneo y Periandro.—Vanse los corsarios, en tanto salen Arsidas, Silvano, Caliope y soldados con luces.

No quiere la Fortuna que se desposen Himeneo y Eritrea.—Invocan a Apolo para que adelante el día; sale, en efecto, la *Aurora* en su carro, y después Apolo en un sol (haciendo la misma carrera), y una vez en alto, baja en un rayo, a dar a Eritrea la mano de su hijo Himeneo: se han unido el mérito y el destino.

Apolo y Marte han vencido a Cupido y Fortuna. En salón real ven los nuevos esposos las danzas de disfraces.

**Conjúranse** de nuevo contra ellos Cupido y Fortuno.—Apolo (ayudado por Júpiter), va al alcázar que Himeneo tiene en el mar, sobre el que Fortuna (desde una nube) lanza un rayo, lo destruye y mata a Himeneo.

(Mutación).—Va a hundirse en el mar la nave en que Pandión y los corsarios llevan a Cintia y Arión; Fortuna dice que deben arrojar a éste al agua si no quieren perecer todos; invocan a Neptuno (que con su tridente rodea la nave de Sirenas y Nereidas), y pone a las órdenes de Arión un delfín que le lleve a la orilla, donde rota la nave va Cintia luego.

(Mutación).—Ceñido de rosas, entre los dioses, está Himeneo en el aire, con tea encendida en la mano, hecho dios del matrimonio.—Arión, convertido en lucero, está con su delfín, que se sumerge en el mar.—Júpiter dice que ha terminado el duelo.

"Oid, que ya Jove,
con sentencia justa
el Duelo decide
de Ingenio y Fortuna."

---

(Conocido el asunto, que tiene algo de Góngora, aunque más de la herencia clásica, debo hacer notar la soltura del verso, que pasa con ligereza desde cinco hasta doce sílabas, combinándose a veces en graciosas redondillas de seis.)

---

## DUELOS DE INGENIO Y FORTUNA

(Entremés para la Comedia.)

*"La audiencia de los tres alcaldes."*

---

Impreso con la Comedia, en la edición de 1687.—Madrid.—Villa-Diego.

(13 personajes y música.)

*Coca, Polán* y *Esquivias,* son tres alcaldes, que toman asiento ante la mesa del tribunal para recibir audiencias. Como no tienen campanilla, piden un almirez al *Boticario,* que a la vez hace de portero, trayendo las recetas de los que acuden.

Llegan a tomar parte en el entremés un *Esportillero* gallego; después la borracha, *Catalina de la Parra,* que destempla la guitarra al *Ciego.* Este canta la copla siguiente a la volatería:

"Loente las Cilameñas,
ave, Chancharo y Chorlito,
los Picos y las Cigüeñas,
Mosca, Moscón y Mosquito,
las Picaças ó las Dueñas."

Sale una *Dueña,* protestando contra los sainetistas, y canta varios esdrújulos, como éste, pues los autores han manchado:

"Las siempre cándidas,
y muy albíssimas
tocas pulquérrimas
reverendíssimas."

Ante las cinco Dueñas y la borracha, Polán se vuelve loco, y las embiste; lo mismo hace Coca con su alfange; Esquivias, de portugués, dice baladronadas, pero nada hace. Llega el Esportillero, ofreciendo en su espuerta la continuación del entremés para la 3.er jornada, y cantan todos:

"Que en estos ámbitos,
aunque tan tísicas,
cantemos Júbilos,
con voz horrísona."

## DUELOS DE INGENIO Y FORTUNA

(Baile para la comedia, entre la 2.ª y 3.ª jornada.)

.*"El flechero Rapaz."*

---

Impreso con la Comedia, en la edición de 1687.—Madrid.—Villa-Diego.

---

*Argumento.*

---

El *Amor*, coro de Cupidillos, cuatro zagales y música.)

Los cuatro zagales huyen del Amor, porque no son orrespondidos de sus amadas; él les persigue, pero ıye por respuesta:

"Flechero rapaz,
no, no, no te burles más..."

Entonces manda a los cupidillos que persigan a los agales:

"Hermosos cupidillos
que al aire vago dais
las flores, y las plumas
de ardiente suavidad,
volad, volad, volad."

Pero es inútil, porque no quieren dejarse burlar de ıevo por el Amor.

---

## UELOS DE INGENIO Y FORTUNA

(Baylete | con que se dió | fin a la fiesta.)

*"Bailete de fin de fiesta."*

---

Impreso con la comedia, en la edición de 1687.—Madrid.—Villa-Diego.

---

*Argumento.*

---

(3 coros de damas y galanes, que se cruzan cantando.)

Cantan a la lis francesa, pues aunque es día de Carlos, los dos

"respiran con un aliento,
y aman con un coraçon.

Harán una danza francesa.

Todo este baile está subordinado a la música; la rima y sobre todo el verso, son poco regulares precisamente por razón de la música. Júzguese por la estrofa final:

"Las tres Magestades que a España le dan claridad
celebren unidos, en blanda canción,
la Fama y el Amor:
y ocupando la tierra, capaz
de los Elogios, que estrechan los Tres,
el cielo se llene de Aplausos también."

---

## ESCLAVO EN GRILLOS DE ORO (EL)

(Gran comedia.)

---

ms. 17.357 de la B. N.
E. En hora dichosa llegue.
A. el esclavo en grillos de oro.

Es copia hecha en Játiva en 1693 por Juan Pérez García Iracheta.

52 hojas, 4.° holandesa.—(Osuna.)
Otro ms.—15.683.
62 hojas, l. del siglo XVIII, 4.° holandesa.—(Osuna.)

---

Contenida en el t. I, parte 3.ª del "Theatro hespañol" de D. Vicente García de la Huerta.—1785, página 201.

Idem en el t. 49 de la "Biblioteca de Autores españoles", de Rivadeneyra, pág. 305.

Idem en el vol. 3.° de "Teatro selecto antiguo y moderno, nacional y extrangero".

Idem en el t. 30 de "Comedias escogidas" (1824-1834).

Idem en el t. 5.° de "Comedias antiguas".

---

Bruselas, 1704.—Manuel Texera Tartar. 20 hojas 4.°

Madrid, sin año.—Se hallará en la librería de Cuesta. 20 hojas 4.° (Vances.)

Sevilla, sin año.—Francisco Leefdael, en la casa del Correo Viejo. 40 págs. 4.°

En "Poesías cómicas", de 1722, t. II, pág. 179.

Valladolid, sin año.—Alonso del Riego. 20 hojas, .° (2 columnas).

Barcelona.—Escuder, 1756 4.°

Valencia.—Orga, 1782 4.°

Madrid, 1832.—Ortega, t. I, 8.°

---

(No sé si sería la primera vez que se representó, en 692, el día 20 de Noviembre, por la compañía de gustín Manuel de Castilla, en el salón dorado de Pacio. Todo induce a creer que ese día fué el del eseno.)

*Argumento.*

---

(16 personajes, música y acompañamiento. 3 jornadas.)

*Jornada* 1.ª

Escena a lo romano, en que sale el Emperador *Trajano* con su sobrino *Adriano*, el cónsul *Cleantes* (anciano) con las llaves de Roma en una fuente que entrega a Trajano, el galán *Camilo*, el centurión *Lidoro* y el criado *Gelanor;* en medio, damas romanas coronadas de rosas.—Una de ellas es *Sirene*, de la que están enamorados Adriano y Camilo; éste quiere verla al salir del templo de Palas, a donde ha ido en el cortejo del victorioso Trajano (que regresa de Armenia).—Cleantes se acerca a solas llorando al César, y le dice cómo Camilo pretende darle la muerte y ocupar el trono.—Trajano ordena al Prefecto *Licinio* lleve preso a Camilo, que será castigado por traidor en público Senado, pero con horroroso castigo (sin sangre).

Es de noche: por un jardín salen Camilo y Gelanor por un lado; Adriano y el criado *Corvante*, por otro, en busca de las damas.—Salen Sirene (con la criada *Libia*) y *Octavia* (con *Flora*): vanse las criadas. Adriano había sido amante de Octavia.—Por confusión va ésta hacia Camilo, y Sirene hacia Adriano; los criados hacia las criadas (que quedaban por el jardín): gran confusión, hasta que se encuentran Sirene y Octavia, y (creyendo cada cual que la otra se retira) se hallan con los verdaderos amantes Camilo y Adriano, pero creyéndose que sigue la confusión de antes: las dos se recelan, y ellos sacan las espadas.—Al ruido llega Licinio con sus soldados y prende a Camilo, según las órdenes del César.—(En toda esta jornada alterna la música.)

---

*Jornada* 2.ª

En medio de senadores y damas aparece Trajano, a cuya presencia son traídos Camilo, Lidoro y Gelanor;

custodiados por Licinio, Adriano, Corvante y soldados. Después de convenir todos en que merece gran castigo, dice Trajano que, puesto que el reinar no es ningún placer, le da el castigo de lo que pretende, asociándole al trono, cosa que pone envidias en Adriano.—Se va Camilo con su cortejo, y queda Trajano con Adriano y Cleantes.—Adriano siente, no por sí, sino por haber hecho una injusticia Trajano al premiar a Camilo en vez de castigarlo.—Salen los dos a dar audiencias; pero todo lo que resuelve Camilo le parece a Trajano mal; y únicamente al que Camilo condena (por sátiras contra Trajano) lo absuelve éste: dice a Camilo que aprenda a resolver con más brevedad los asuntos.

Queda Camilo con Lidoro y Gelanor.

Los puntos que pudieran parecer satíricos son algunos como éstos:

"quan facil es censurar,
aun con poca ciencia, y quanto
el enmendar es difícil,
lo mismo que censuramos;
y es, que sólo a los errores
está atento, quien culparlos
quiere, sin que los aciertos
le deban algún reparo..."

....................................

..."que los monarcas
no deben ser doctrinados
de sabios, sino de Reyes"...

....................................

"que de la clausura rota
avrá algunos Abogados,
que allá en sus ocultos juicios
nos estén excolmugando."

En el jardín, Sirene se queja a Libia de que Camilo no la ame por ser César romano; éste sale a hablarla amorosamente, pero vuelve Cleantes a llamarlo a despachar asuntos y le interrumpe el coloquio.—Dícele Cleantes que no puede tener validos, y que caso de tenerlos han de ser a gusto del pueblo (¿sátira?).

Libia dice (en queja de Cleantes) a Sirene:

"Ser emperador con Ayo,
y con Ayo tan molesto,
debe de ser gran trabajo."

Sirene oye a Adriano (que desprecia a Octavia) y le cuenta que ha perdido su ilusión por Camilo; Libia le suelta una cinta a su ama, que coge Adriano y disputan Octavia y Camilo. Llega Trajano y los suyos, y le dicen que el monarca no puede tener agravios, ni requebrar damas, ni casarse a su gusto.—Camilo es un esclavo.

---

*Jornada* 3.ª

Camilo despacha en su bufete con Cleantes; se entera de la sublevación de Bélgica, mirando en el mapa las situaciones geográficas. Después le propone Camilo un memorial de las bodas de Adriano con Sirene, que él tiene que aprobar; pero se levanta furioso y arroja el bufete. Entretanto, llegan al ruido Lidoro, Adriano y Gelanor. Camilo no quiere dar la licencia; Cleantes le da sabios consejos acerca de la serenidad de ánimo y de las alianzas que deben buscar los reyes al casarse. Aconsejado aparte por Lidoro, concede la licencia, pero con proyecto de envenenar a Adriano.—Sirene acaba echándose a los pies de Camilo, pidiéndole que (por su fama) no se vengue en Adriano, ya que la suerte se lo da por esposo; Camilo se enamora cada vez más de ella, en tanto Adriano y Trajano escuchan (al paño).—Cuando va a darle la mano, sale Adriano y se la coge para besarla, y dice a Sirene que ella también se la bese: que agradecen la licencia que les da para la boda.

Después de ver nuevos memoriales, llegan noticias de que en las Galias, Asia, Sicilia y Cerdeña se han rebelado las tropas contra el nuevo Emperador y vienen a Roma.—Trajano dice que se van a celebrar las bodas de Adriano.

Han pasado los quince días de la subida de Camilo.— Ante el Senado, salen Trajano, Cleantes, Lidoro... etc.; renuncia Camilo al trono, pues dice:

...“de mi propio Imperio soy
El Esclavo en grillos de oro.”

Se casa con Sirene, y el nuevo asociado Adriano se casa con Octavia.

---

## ESPAÑOL MAS AMANTE Y DESGRACIADO MACIAS (EL)

(Comedia de Bances y otros dos ingenios.)

---

ms. 16.670 de la B. N.
E. *Fernán.*
Ola, Lopillo, despierta
A. felizmente la trajedia
del español más amante.
42 hojas, 4.° l. del siglo XVII, holandesa.—(Osuna.)

---

Impresa en el t. 48 de “Comedias escogidas”.
En “Poesías Cómicas” de 1722, en el t. II, pág. 436.

---

(En el prólogo del t. I se lee que “aunque estaba impresa en la Parte 48 de Varias, con título de tres ingenios, vno de ellos lo fué ciertamente Don Francisco Banzes Candamo, y aun el estilo de toda parece totalmente suyo; por cuya razón, se incluye en estas Obras”.—Cree Durán que es toda de Bances y que hay otra de “tres ingenios” con análogos títulos.)

*Argumento.*

---

(10 personajes, soldados y música. 3 jornadas.)

---

*Jornada* 1.ª

*Fernán Macías* va con el gracioso *Lope* después de largo camino. Entre otras cosas dice al segundo, que lleva Macías:

"borradores de versos;
*aunque oy también,* si se mira,
*ay quien los hurte...*"

Vánse hacia el bosque en Jaén donde dícese está el marqués de *Villena,* dedicado al estudio astrológico. Están batiendo el jabalí el maestre de Calatrava Don Enrique de Aragón (Villena), la *Marquesa, Leonor* y otras damas y la criada *Isabel;* después pasa retrasada *Margarita* (ideal de Macías), que es detenida por éste. Cáesele una flor, que ella no quiere recoger del enamorado, pues éste la llama:

"de lo breve de mis bienes,
geroglífico oloroso!"

Vase la dama, y sale *Garci-Téllez* con el gracioso *Fortún.* Los soldados y Fortún acuchillan a Garci-Téllez, a quien defiende Macías.

Al ruido sale Villena con *Nuño Meléndez* (padre de Margarita), *Rui Páez,* la Marquesa y las damas

Garci-Téllez, conocido de todos, y que llevaba misión de Calatrava, cuenta cómo el guarda Fortún mató ante él un perro de caza del Marqués de Villena y cómo él le castigó, siendo defendido del guarda por un joven. Pregunta Villena quién es, y aparece Macías a sus pies con una carta en que le pide amparo.—Los Marqueses le dejan a su servicio.

Garci-Téllez va a casarse con Margarita; Rui-Páez corteja a Leonor (en la que ha hecho buena impresión Macías).—García y Macías ven la batida desde lejos

(Macías ve por primera vez cazar con pólvora, pues en Galicia aún no se conocía), y reparan los dos en Margarita, que al paño les escucha. Al mostrar Macías la rosa y contar lo que le ocurrió con Margarita, luchan los hasta entonces amigos. Margarita sale, y para evitar luchas arroja la flor sobre el río; pero ellos siguen acometiéndose, hasta que llegan Villena y todos al ruido.

---

*Jornada 2.ª*

Rui-Páez habla con Macías, y lee éste un soneto al amor, que Rui le pide para su dama. Al hablar de los poetas, habla de las sátiras que emplean

"en Romances,
en Bayles, y en Entremeses."

Se citan para un concurso que por la noche habrá en obsequio de los años de D.ª Blanca. Lope protesta de los muchos versos que hace Macías

"Versos, si ronco de noche,
Versos, si me quiebro un diente,
Versos, si me descalabro;
y en vez de carnero verde,
borradores mal guisados
me versifican el vientre."

Leonor y Margarita salen a ver a Macías (que está con Lope) y Leonor lee un papel amoroso (que es el soneto), que promueve en Margarita temor de que sea para su amiga y no para ella. Se lo da a Macías entre la loa que ha preparado para la noche, y Macías se asusta al ver que Rui-Páez se lo entregó á Margarita, y es su competidor también. Pero Leonor asegura que se ha escrito para ella.

Sale Rui-Paez a coger un guante que se le ha caído a Leonor y que ya ha levantado Macías: luchan.—Entretanto las damas tiran del papel y se quedan con un pedazo cada una.—Salen Garci-Téllez y Nuño (padre de Margarita), y citan a los otros, en el jardín, para después de la fiesta.—Nuño, de acuerdo con Don Enrique, promete a Garci-Téllez la mano de Margarita, si ella no pone dificultad.

En una habitación entra Macías (vestido de mujer) para hablar a Margarita; no hay luz; detrás Nuño va a convencer a su hija y coge a Macías creyendo que es ella; ataca al pobre poeta, que no tiene "más hacienda que sus versos"; al huir Macías, se encuentra con Rui-Páez. Se produce gran confusión de galanes y de damas, todos celosos.—Salen con luces los Marqueses con su servidumbre; explican todos lo ocurrido.—Villena (para efectuar la boda de Margarita con Garci-Téllez) manda a Macías a Toledo, en compañía de Fortún, para llevar a Enrique III y las Cortes un pliego cerrado. En volviendo, dice, le casará (pero con Leonor: no se lo indica).

Lope le dice:

"A la Corte vas, Fernando,
Nobio, Poeta y Mancebo,
tres cosas, que harán más pobre
al hombre de más dinero".

---

*Jornada* 3.ª

Cuando Margarita va a celebrar sus bodas con Garci-Téllez, llega Macías de Toledo; y al saber que Margarita está prometida de Garci-Téllez, se desmaya.—Margarita, Leonor y Rui, están contrariados.—Se aplaza la palabra. Macías va a contar su pena a Margarita al cuarto de ésta, en tanto que García habla con Villena. Ambos al paño sorprenden la conversación.—Negándose Macías a los ruegos de Villena (que le propone sus bodas con Leonor) para que cese en el amor de Margarita, le llevan preso a la torre de un castillo.

Macías dice que, aunque prendan su cuerpo, ha de ser "el español más amante".

Canta, al son de guitarra, en la prisión, a la que llegan por lados distintos, embozados Rui-Páez (a recoger el guante de Leonor), Garci-Téllez (a vengar los celos por Margarita), y Villena (que venía a libertar a Macías).—Al ir a batirse Macías con Rui, sale embozado D. Enrique de Villena, pero no se da a conocer para estar a la mira.—Entonces Garci-Téllez hace un disparo de pistola, pues no viene a lidiar sino a vengarse.—Moribundo Macías, ante los Marqueses, damas, etc., se dan la mano Rui-Páez y Leonor.—Villena perdona a Garci-Téllez, y Lope dice al público, que falta:

"El perdón, para que acabe
felizmente la tragedia
del Español más amante".

---

(El asunto es muy conocido en nuestra Literatura, pues nadie olvidará *el enamorado* del Cancionero de Baena, que inspiró tantas obras. La comedia de Lope "*Porfiar hasta morir*" es la fuente inmediata de la de Bances; poco importa que Lope haga morir atravesado por una lanza al que Bances presenta muerto de un tiro. Hasta los nombres de algunos personajes declaran la imitación, como *Tello, Nuño* y el *Maestre de Santiago,* que son en Bances *Garci-Téllez, Nuño* y el de Calatrava. Conviene notar el posible influjo de Bances en el *Macías* de D. Mariano José de Larra.)

---

## FIERAS DE CELOS Y AMOR.

(Zarzuela.)

---

*"El mayor monstruo de amor". "¿Cuál es la fiera mayor entre los monstruos de amor?"* (Comedia que viene a ser lo mismo, según se advierte en el Ier ms. que se reseña).—Mesonero en su índice dice *"furia"*.

He aquí los mss. que tiene la B. N.
ms. 16.811.

(Dedicada a las bodas del Duque de Osuna con D.ª María Fernández de Velasco.—He indicado en la "Biografía" que su fecha es hacia 1692.)

E. *Unos*. Amaina, que embiste el buque.

A. Lo trágico en lo festivo.

(Falta la 2.ª jornada de este ms. que no se halló entre los borradores del autor, según consta.)

54 hojas, 4.º, l. del siglo XVII, holandesa.—(Osuna.)

ms. 16.740.

(Fiesta para celebrar el nombre de las Augustísimas Reinas de España.)

E. *Unos*. Anima, que nos perdemos.

A. Borrando lo fatal, premiar lo fino.

45 hojas, 4.º, l. del siglo XVIII.—(Osuna.)

ms. 17.448.*21*

(Con el título de "Zarzuela" en la portada.—Contiene la 1.ª jornada solamente.)

---

Impresa en "Poesías cómicas" de 1722, t. II, página 150.

---

(Estrenada el 21 de septiembre de 1687 en el saloncete del B. Retiro con el título de "*El mayor monstruo de amor*", como fiesta a los años del Duque de Orleans, padre de la Reina. Debió representarse después varios días, porque se hizo el 22 de octubre en el Coliseo del mismo Buen Retiro, ante el pueblo, por la compañía de Simón Aguado.)

*Argumento.*

---

"Fiesta, que se representó a sus Magestades, en celebridad | del Nombre de las Augustíssimas Reynas de España, Ma- | dre, y Reynante, Doña Mariana de Austria, y Doña | Mariana de Neoburg."

---

(22 personajes y 2 coros. 2 jornadas.)

---

*Jornada* 1.ª

*Polifemo* y *Circe* salen de sus cuevas junto al mar y próximas a un bosque, y se van el uno al mar y la otra a la selva. Salen un *Sátiro* y un *Fauno* a ver lo que hacen sus dueños, y al poco rato llegan: Polifemo con *Acis* en brazos; Circe con *Glauco*.—Cuenta Circe a éste que los árboles que ve son Ninfas encarceladas; Polifemo canta, y pone a los pies un peñasco marino rodeado de conchas, sirenas, etc... *Scila* canta dentro; se abre el escollo, y en una concha nacarada aparece *Galatea*. Cántanla las músicas, y llegado el escollo a tierra, se hunde la concha y los tritones.

(Mutación).—Polifemo sale por hermosa alameda, con fuentes heladas, y con casería o templo en el fondo.—Scila sale diciendo a Galatea, que pues es deidad de las fuentes..., etc. (música) las haga correr: lo hacen y de cada fuente sale una Ninfa para la danza; Polifemo pondera la hermosura de Galatea:

"Esquiva dulzura,
en cuya hermosura,
de la mansión pura,
el cielo gastó
a la estrella el influxo, y los rayos al sol."

Glauco cuenta que venía de caza por la costa, cuando se le desbocó el corcel. Acis dice ser pastor que viene de consultar al Oráculo de Delos, y le ha dicho que morirá de pasión amorosa; venía embarcado, cuando le cogió Polifemo.

Circe (enamorada de Glauco) baja del aire en un dragón, echa fuego en las fuentes, y se hunden en ellas las Ninfas; vuelve a mandar que corran las fuentes.

(Mutación).—Circe, de gala, en su jardín, ve a Glauco entre las Ninfas.—Salen las tres Furias, que mostrarán a Glauco el salón artesonado del padre de Circe (el sol).

(Mutación).—En salón de oro y cristal sale el sol con los siete planetas, luna y estrellas: dicen quiénes son.—El sol promete a Circe los tesoros de la tierra si se casa con Glauco.

Sube el Palacio, y aparecen debajo unas pirámides de laurel en que estriba. Glauco no quiere casarse con Circe, por amor a Scila. Circe será constante, aunque Glauco sea cruel con ella.

---

*Jornada 2.ª*

En el bosque está *Dorinda* (ninfa de Galatea) despreciando los requiebros del Sátiro y el Fauno.

Sale Glauco por el jardín en que Circe le tiene preso, y dice versos como éstos, esdrújulos:

"Rústicos verdes Sátiros
de este ameno país,
que penetrais lo áspero
de todo su confín.
Bárbara, Circe, Mágica,
me supo prevenir
esta cárcel fantástica
del florido jardín."

....................................

Circe sale tras él, y decide ir a consultar a la gruta de los celos.

(Mutación).—En la gruta de los celos están éstos personificados en dama coronada de áspides, que lleva en las manos una serpiente y un corazón. Están cerca las tres Furias, y la *Duda,* la *Sospecha,* la *Imaginación,* la *Ira,* el *Temor* y la *Desconfianza.* Todas la dicen el papel que tienen en los celos, y cuán difícil es rechazarlos una vez adquiridos. *Zelos* la dice que verá sus celos en el espejo.

(Mutación).—En el fondo hay un espejo, y a través de él se ve un convite en que están Acis, Galatea, Glauco y Scila. Son las bodas de Galatea.

(Mutación).—El palacio de Galatea en el agua, con mesa de cristal llena de corales, conchas, etc., en la que están los convidados de antes, con ninfas y dioses marinos. Todos felicitan a los desposados.

De la espuma se va formando un gabinete, donde está *Nereo* desnudo en una carroza tirada por caballos marinos: lleva tridente, y va con cabello de ovas y lamas, y viene a decir a Galatea que Polifemo matará a Acis y ella volverá a las ondas; se va.

(Mutación).—En mar con escollos está Polifemo con el peñasco grande. Galatea, Acis, Glauco y Scila, embarcados, han logrado la playa.—Polifemo (dice que quien había sido fiera de amor lo será de celos) y tira el peñasco a Acis (que sangra), mientras se desmaya Galatea.—Circe sale y convierte a Scila en escollo; junto a ella se tira al mar Glauco, y Circe no lo siente,

"que quien fué fiera de amor,
fiera de zelos ha sido."

Del escollo que hirió a Acis sale un río cristalino (en que se ha convertido Acis); sale de allí Nereo, y manda a Galatea que se lave en esa nueva corriente; pero al ir a hacerlo se abre el escollo y aparece dentro Acis (vestido de azul, con cabello de ovas y lamas). Scila sube en una estrella para aviso de los bajeles; Glauco será dios marino (medio hombre medio pez); mientras los sátiros, faunos, centauros y ninfas danzan.

"Que Amor ha querido
borrando lo fatal, premiar lo fino."

---

(No se necesita acudir a las fuentes remotas de la mitología para buscar la filiación de la precendente obra; basta leer el *Polifemo* de D. Luis de Góngora. Los versos son de 5, 6 y 7 sílabas, combinados con los de 11 a veces; hay endecasílabos de *gaita gallega.* Hermosas silvas, seguidillas ya completas ya truncadas, y una combinación musical de 3 versos de 6 sílabas, consonarios y cuarto agudo que rima con el 5.º largo.)

---

FLECHERO RAPAZ (EL)

V.

Duelos de Ingenio y Fortuna.
(Baile para la Comedia.)

---

GRAN CHIMICO DEL MUNDO (EL)

(Loa para el auto sacramental.)

---

Esta loa se imprimió como de Calderón entre los autos de éste, y como preámbulo al del "*Gran Teatro del Mundo*".

(Así se dice en el Prólogo del t. I. de "Poesías cómicas").

En efecto, está contenida con el auto de Calderón en el t. I de "Autos sacramentales alegóricos y historiales... obras posthumas, que saca a la luz Pedro de Pando y Mier. Madrid.—M. Ruiz de Mvrga, 1717.—(Seis vols. en 4.º)"

---

Impresa en "Poesías cómicas" de 1722, t. II, pág. 1.

*Argumento.*

(10 personajes.)

*España* y la *Música* anuncian un nuevo auto, a lo que replica la *Apostasía*. El *Testamento Nuevo* lucha con el *Antiguo*, y la *Ley Natural* quiere transformar el Paraíso en Calvario, donde (en borrascoso mar) sólo es tabla de salvación la Cruz. *Isaac* mostrará las figuras del sacrificio en la antigüedad; lo mismo hará la *Ley Escrita* y *Sansón*, etc..., para dar lugar a la *Ley de Gracia.*

[Al fin de la loa, dice en bastardilla, en el impreso de 1722:

"Se previene, que este auto, con esta misma Loa, se representó la primera vez, no en la Octava del Corpus (como se acostumbra) sino entre año."]

---

## GRAN CHIMICO DEL MUNDO (EL)

(Auto Sacramental.)

---

ms. 16.804 }
14.840 } de la B. N.

E. Gran providencia mía

A. de cuerpo y alma.

30 hojas.—(Contenido en la colección manuscrita de "Autos sacramentales, alegóricos y historiales, de diferentes ingenios de esta corte"; 346 hojas, 4.°, l. del siglo XVIII, perg.°)

Otro ms. 14.799.—(Vienen a ser 2 mss. de 38 hojas, l. del siglo XVIII.)

---

Impreso en "Poesías cómicas" de 1722, t. II, pág. 7.

*Argumento.*

(16 personajes.)

---

En dos carros, a modo de globos celestes, están el *Sabio* y la *Providencia* de dama. En los otros dos, la *Naturaleza* en su tocador, teniendo de pajes los sentidos; y el anciano *Entendimiento,* que quiere dominar a la Naturaleza para que atienda a la alegoría.—Esta recibe del *Tacto,* sortijas; del *Oído,* pendientes; de la *Vista,* el espejo; del *Olfato,* guantes de ámbar y tocado oloroso; del gusto, apetece, pero no recibe, el panal. Todos se arrodillan ante el Sabio, cuya química sacó al mundo del caos. (Aquí cuenta Bances todo lo del "Theatro de los theatros": mundos mayor y menor, sal celeste, razón y cristalino, sol y corazón..., etc...)—Pero ya que crió con esa química a la Naturaleza, es preciso que, en ausencia del Sabio, no coma de cierto veneno.—Los sentidos protestan del freno del Entendimiento.

De un carro de fuego sale un demonio o *Mágico;* inspirándose de la *Magia,* convienen ambos en dar veneno, en una fruta, a la Naturaleza.—Luchan en ésta los sentidos con el Entendimiento, hasta que ciego éste, es derribado por ellos, mientras la Naturaleza come la manzana ponzoñosa.

Compadecido el Sabio del maltrecho Entendimiento, le vuelve la vista, para que, influyendo en la Naturaleza, pida ésta la salud, puesto que

"Sólo puede en mal tan fuerte
preservarle de la muerte
quien supo darla la vida."

La Providencia envía médicos para que den la salud a la postrada Naturaleza. Llegan *Abraham* con su sacrificio; *Moisés,* con el suyo y la vara; *Salomón,* ante el altar, y *Eliseo,* con el cáliz. Ofrecen respectivamente para curarla:

Abraham = sangre del cordero
Moisés = maná y vino (que se convertirá en sangre)
Salomón = pan
Eliseo = agua, óleo y sal;

pero lejos de curarla, todos se han contagiado de la enfermedad de la Naturaleza; y mueren, hundidos sobre Abraham, esperando en el seno de éste la llegada de un remedio mejor, cuyo médico no se contamine.

Es el mismo Sabio este médico. (Por ser día de gloria no se representa la escena del Calvario), y trae por remedio carne de un hombre que no ha tomado la fruta envenenada, carne del mismo Sabio hacedor disfrazada de Pan, y sangre bajo forma de vino. Ofrécelo como síntesis de los anteriores remedios:

"lo que mi poder prepara,
es el agua de la vida,
de los cielos destilada,
como rocío, es Manná;
es olio, que se derrama;
vino, que Vírgenes cría;
Miel, que en la piedra se labra..."

Y la Providencia presenta el Cáliz y la Sagrada Hostia, mientras la música canta:

"Que esta substancia pura
tu autor prepara,
para ser medicina
de cuerpo y alma."

---

(En todo este auto se nota la gran erudición escrituraria del poeta, traduciendo a veces al pie de la letra los textos sagrados. Muestra profundos conocimientos filosófico-teológicos.—Cuanto a la forma, tiene un diálogo de eco y hermosas repeticiones.)

## GRAN CHIMICO DEL MUNDO

(Entremés de "Las Visiones" para este auto sacramental.)

---

ms. 16.796 de la B. N.
E. *Bartholo*
_ Ténganla, que está loca
A. señora Lucía, que sí puede ser.

5 hojas, 4.º, l. de fines del siglo XVII, holandesa.—(Osuna.)

Aunque dudaron Barrera y Paz y Melia, se puede probar que este ms. es autógrafo; se ve claramente en el fotograbado que acompaño.

---

Zaragoza, [1708]. Pascual Bueno, 8.º, en "Flores del Parnaso".

"Poesías cómicas" de 1722, t. II, pág. 41.

---

*Argumento.*

---

*"Las Visiones".*

(9 personajes.)

*Lucía* ve visiones: se abre la tierra y va a tragar a su esposo *Bartholo;* sale un gigante y quiere abrazarla...; *Marina* y *Teresa* llaman al médico, pues la creen loca.

Quiere Lucía castigar los celos de su marido, para lo que da entrada en casa a cuatro galanes disfrazados. Uno de ellos es el *Doctor,* que la pulsa y manda la regalen y den buenos alimentos: que si muerde a alguien le pegará la locura. Muerde a Bartholo en el cuello.

El *Sacristán,* vestido de gigante, abraza a Lucía; un *Enano* hace lo mismo; pero al ir a oponerse Bartholo, deja de ser enano y queda gigante.—El doctor, en traje de *Dueña,* le abraza a él, y dos matachines unidos forman un monstruo de dos cabezas.—Ya Bartholo, persuadido de que ve, también él, visiones, llama al médico. Pero al ir a llamarlo se conocen los disfrazados, y hay un diálogo tan calderoniano como éste:

*Enano.* "¿Pero qué es esto que miro?
*Sacristán.* ¿Pero qué es esto que veo? "

.................................

*Enano.* "¿Tú, Sacristán, de Gigante?
*Sacristán.* ¿Y tú, de Enano, Barbero?"

Como Bartholo no halla al doctor por ninguna parte, da con una tranca a todos. Se quejan, y canta la música:

"Visiones de Bartholo
con sus amores;
mas qué amante zeloso
no ve Visiones."

---

(Aparte del indicado influjo de Calderón en esta pieza, conviene notar que escribió D. Pedro "*Las Visiones de la muerte*", de donde pudo Bances tomar el título para su entremés.

En la colección de "Entremeses... del Sr. Cotarelo, pág. CXV del vol. I, dice que tal vez sea este entremés de *las Visiones* imitación o refundición de uno, quizá de Benavente, impreso en 1655. Y hace un extracto de la pieza de Bances.)

---

## IMPOSIBLE MAYOR EN AMOR LE VENCE AMOR (EL)

(Zarzuela, que se dice escribió Bances en unión de D. José Cañizares.)

---

ms. 14.879 de la B. N.
E. *Voces*. Hiza de auia (sic.)
*Otros*. .................. Proeja!
A. Pues nada hay que amor no venza.
29 hojas, 4.º, l. del siglo XVIII. Pasta roja.—(Osuna.)

---

(Asegura Paz y Melia que este ms. lleva notas autógrafas de Cañizares y por esto se le ha atribuído. Sin embargo, del ms. nada se deduce, porque no hay en él notas de importancia y ninguna lleva la firma de Cañizares. Tampoco lleva el nombre de Bances. Si se tiene en cuenta la autorizada opinión del Sr. Paz y Melia y se dan por autógrafas las notas que dice de Cañizares, puede darse una solución ecléctica, y es la de ser una obra de Bances en unión de Cañizares, como quiere el erudito catalogador. La Barrera pone sin dudar esta pieza entre las impresas sueltas de Bances Candamo. Efectivamente, se imprimió en la colección de "Comedias escogidas".)

---

*Argumento.*

---

(12 personajes, cazadores, soldados, coros de Júpiter y de Juno. 2 jornadas.)

*Jornada* 1.ª

En medio de una tempestad saltan del bajel el príncipe *Lisidante, Celauro, Tritón* y soldados, arribados a Fenicia. Lisidante saca un retrato de *Danae,* hija del rey *Acrisio,* a la que ama; y se propone ir (ocultando su nombre) a verla, en ocasión en que la Corte sale de cacería; van Acrisio, Danae, *Polidectes* (enamorado de Danae también), *Fílida* (a quien gusta el forastero), *Siringa,* villana y *Selvajio,* gracioso.

(Mutación).—El *Amor,* sobre una nube tirada por palomas, con riendas rojas, y *Júpiter,* en otra tirada por águilas doradas, con riendas blancas, bajan a escena y cantan. Es muy delicado el coro con que Júpiter interroga al Amor:

"Donde bas rapazuelo vendado
ziego armado
de las quejas que al zefiro das?
dónde vas, dónde vas
ni en qué puedes estar agraviado
o qué onor ese azento a usurpado
a quien no le mereze jamás.
dónde bas, dónde bas?"

El Amor dispara a Júpiter una flecha con punta de oro, y se la clava en el pecho; a sus quejas sale *Juno* y al poco Danae, de la que Júpiter se enamora y la dice:

"Soy el Dios que rijiendo ese eterno
zafir transparente
desde el punto que vió tu belleza
ni en sí mandar puede"

Al paño Juno, entra en celos, y al querer Júpiter desagraviar a ésta (llamándola esposa), Danae le desprecia, y a sus voces sale Lisidante. Ella, no sabiendo qué decirle, le manda ir al bosque a buscar un venablo que ha perdido; saca entonces Lisidante el retrato de Danae (sin soltarle) y la dice que en efecto sus ojos son flechas. Danae manda marchar (y que den alguna limosna) al atrevido Lisidante. En tanto se produce una tempestad; es Juno que cruza el cielo en oscura nube, y amenaza a Danae con prisión, de la que solamente la podrá sacar para esposa el que convirtiere en oro la negra nube. Ella llevará en los hombros las piedras para su sepultura. Lisidante quiere morir, rechazando el amor de Fílida, pero seguirá a la música, porque

"imposibles a imposibles
el amor los venze a todos"

En tanto que el coro repite:

"Quien quisiere este thesoro
merezer
a las nubes a de hazer
desatar en llubias de oro".

---

*Jornada* 2.ª

El coro de música canta varias veces esta estrofa:

"veamos amantes
si es verdad o no
que el imposible maior
en amor le venze amor".

Fílida irá con Danae a las prisiones. Júpiter, Polidectes y Lisidante (con su armada) quieren libertar a la desgraciada Danae.

Júpiter es sorprendido por Juno, postrado ante Danae, cosa que irrita los celos de la diosa. Cuando protegido por el Amor (aletargando los guardias de Lisidante) va a ver a la princesa, sale a su encuentro Juno.

En guerra reñida para sacar a Danae de la torre en que vive prisionera, van por un lado Polidectes y por otro el victorioso Lisidante, que ya ha revelado su nombre al rey Acrisio. Pero todo es inútil, pues ya Júpiter ha libertado a la princesa, y se va con ella y el Amor en una nube, de la que llueve oro.

Da Fílida su mano a Polidectes, y Selvajio a Siringa. Y todos los elementos

"Publiquen unidos
que en ambas esferas
el Imposible maior en amor
le venze amor
Pues nada ay que amor no venza"

---

INCLINACION ESPAÑOLA Y MULSUMANA NOBLEZA (LA)

(Comedia famosa.)

No se imprimió en "Poesías cómicas" de 1722.—Lo nota Mesonero Romanos: y Barrera la clasifica entre las comedias sueltas.

Contenida en el t. 19 de "Comedias de varios autores".—Es la de Valencia 1765, vda. de Orga.)

Sevilla.—Sin año.—Imprenta castellana y latina de Diego López de Haro, en la calle de Génova, 18 hojas, 4.°

Sevilla.—Sin año.—Joseph Navarro y Armijo, en la calle de Génova, 40 pág. 4.°

Sevilla.—Sin año.—Imprenta de Joseph Padrino, 4.°

Valencia, 1765.—Vda. de Joseph de Orga, 18 hojas, 4.°

---

*Argumento.*

---

(14 personajes, música y soldados, 3 jornadas.)

---

*Jornada* 1.ª

Acabado un banquete que da el *Duque* se discute cuál es mayor nobleza, la heredada o la adquirida por el valor. Llega el *Rey de Inglaterra*; y *Enrico* cuenta su progenie de los Guzmanes españoles, y cómo mató a su hermano por el amor de Laura; murió ella (creyendo que era él el muerto) y huyó hasta Inglaterra, donde tiene la nobleza adquirida de la privanza del Rey inglés. Para probar esto, clava sobre la mesa un puñal, lo toma por el puño, e invita a los demás a levantarlo. El *Conde* lo toma por los filos, y *Conrado* empuña la espada para disputarlo. Enrico saca también la espada contra Conrado, y el Conde suelta el puñal. Entonces entra el Rey y les hace abrazarse olvidando antiguas rencillas. *Carlos,* hijo de Enrico y de Inés, y a quien el Rey robó de niño, está oculto en una quinta, y ya es hora de que salga a vivir con los demás. En esto traen la noticia de que está grave la Condesa Inés, esposa de Enrico.

El Duque y el Conde aman a *Aurora,* y la mandan recados por su criada *Celia.* Ambos, el Rey y Conrado (al paño, cada uno por su sitio) oyen que Aurora pondera a todos, pero que su amor "es más alto". Al verlos salir a hablarla, engaña a la infanta *Sol,* diciendo que aquellos papeles son unos memoriales para el Rey.—Con discreción devuelve la carta al Duque porque *viene equivocada,* y luchan éste y el Conde.

En el jardín se baten de noche todos, y salen los criados con luces; se conocen, en el momento en que gritan "fuego" porque arde el cuarto de la infanta.

---

*Jornada* 2.ª

*Fabio* habla con Carlos, que pronto va a salir del encierro. Pregúntale qué es España (pues ha visto escrito ese nombre) y háblale ambiguamente de Sol. Los dos quedan dormidos, mientras llegan a la torre D.ª Sol y *Flora.* Sueña Carlos alto con Sol; huye ésta al ruido de espadas. Despiertan los dormidos; cáese la luz, y entra el Rey *Federico de Escocia* sin espada, que ha roto en la lucha. Enrico y los demás (que venían a sacar a Carlos), confunden a éste con Federico, quien para salir de la torre acepta forzosamente la confusión.—Carlos ha salido con los soldados.

Sol cuenta a Aurora lo que ha ocurrido. Venía observando que el Rey, su hermano, daba al Marqués (padre de Aurora) una llave muchas veces: la cogió un día y la grabó en cera, para mandar hacer otra igual, y llegó a la torre, donde vió un hermoso galán que la enamoró. Lo escucha Aurora con gran interés, y Celia hace comentarios.

(dice: "Entre bobos anda el juego".)

Sale Carlos persiguiendo a todo el mundo, y quiere quitar la espada al Rey, para mostrarle cómo la quitó a otro; al ser interrogado dice que se llama "Soldado" y que es de España, cosa que hace mudarse a Enrico. Al proponer el Rey el castigo, intercede Sol, cuyos días se celebran; y el Rey manda le den a Carlos la espada que pide. Carlos lo ignora todo, menos el amor que tiene a Sol. (Imita al Segismundo de Calderón.)

Enrico está empeñado en ver la inclinación de su hijo Carlos (supuesto Federico) a la guerra; pero Federico admira al Sol y no mira las espadas que le traen. El Rey, al ver el entusiasmo de Carlos por las espadas y un hermoso caballo, se los da. Enrico lamenta la cobardía de su supuesto hijo, que no quiere luchar contra Escocia, y llama "hijo" a Carlos, como espontáneo calificativo de afecto, al que Carlos responde con el de "padre".

---

*Jornada* 3.ª

Federico se halla con Conrado y le cuenta sus peripecias: cómo fué preso en la torre por buscar a Sol y cómo el Rey, hermano de ésta, ofrece el premio que pida al que la libre de la prisión en que está.—Al paño Sol oye que hablan de ella y que Federico no es Carlos (como se habían creído). Federico dice a Sol que si Carlos va a tomar su mano, él la retendrá en la prisión, a lo que Sol contesta virilmente desdeñando su tiranía. Clama por Carlos, y sale éste arrojándose a sus pies y queriendo llevarla; pero salen entonces Federico y soldados y la infanta se retira.

Al poco tiempo luchan Federico y Carlos, pero ayudan a éste Conrado y Sol y huye el primero.—Salen los demás, y el Rey requiere a Enrico por celos de Aurora; cuando ésta habla con Enrico (que quiere olvidarla, como hicieron el Conde y el Duque por causa del Rey), sale el soberano y les sorprende; pero ya se oye el clamoreo del enemigo escocés que entra guerreando contra Inglaterra. El Rey manda prender a Enrico, cosa que aflige a Aurora; en tanto que Federico de Escocia viene con los suyos a buscar a Sol.

(Mutación).—Desde la reja de la torre ve Enrico la lucha. Ve al que cree su hijo Carlos (es Federico) luchar contra Conrado, al que protege Aurora; y a Sol, defendida por el verdadero Carlos, a quien ella llama "*heredero de Enrico*", cosa que éste oye sorprendido.

Quiebra la reja, se arroja a escena y oye decir al supuesto Carlos que es Federico de Escocia, y no su hijo. Preso Federico, se produce confusión enorme y se oyen vivas al Rey.

Pero está éste triste porque su hermana está prisionera del enemigo.

(Mutación).—A caballo, por un lado Sol, Carlos, Enrique y Federico; por el otro, Aurora, Conrado y los demás.—Carlos (en quien Enrico ha conocido a su hijo, por la "*inclinación española*" que tiene), pide la libertad de Federico y la mano de Sol. Se casan Enrico y Aurora. Fedérico apadrina a todos.

"¡Viva Espana, viva España
Que engendra tales alientos!"

---

INVICTO LUIS DE BADEN, Y PRIMER TRIUNFO DEL AUSTRIA (EL)

V.

Restauración de Buda (La).

---

MAS ES EL RUIDO QUE LAS NUECES

V.

Por su Rey y por su Dama.

---

MAS VALE EL HOMBRE QUE EL NOMBRE

(Comedia famosa.)

---

La Biblioteca municipal posee un ms. de 1696 con aprobación de Lanini.

En "Poesías cómicas" de 1722, t. II, pág. 275.

*Argumento.*

(11 personajes, soldados y villanos. 3 jornadas.)

*Jornada* 1.ª

Entre danzas de las aldeanas, llega *Madama Cruesvech* al castillo de sus mayores en Pitillet, y al poco tiempo ve pasar junto a ella dos mujeres que van perseguidas: son *Margarita* y su criada *Inés,* que merecen la protección de Madama Cruesvech. Llega en su persecución el *Capitán* de tercios con soldados (españoles acosados por el hambre) y no respeta ni aun las amenazas de Madama, a la que pide las joyas. Lleva también presas en un coche a Margarita e Inés; pero sale en su defensa D. Pedro Girón, *Duque de Osuna,* con su criado *Roque,* y ofrece al Capitán sus propias joyas (a excepción de una esmeralda, prenda de su dama); las recibe, pero sigue el Capitán persiguiendo a Margarita e Inés, y ya el Duque se decide a defenderlas, ayudado después por los villanos.—Madama las tiene en su casa, donde Margarita cuenta cómo desde Cambray iba a Bruselas a casarse con D. Lope, acompañada de su hermano; pero herido éste (le ha perdido sin saber si vive) huyó en coche hacia Bruselas, cuando la siguió el Capitán.—Lamenta haber perdido una esmeralda que la enviaba su prometido, pues la cambió por una joya de más valor el que la salvó entonces.

D. *Diego de Figueroa* y D. *Lope de Zayas,* santiaguista, salen cada uno por su lado; y el primero dice a Madama que viene en nombre del *Conde de Fuentes* a pedirla hospedaje en el castillo, a lo que accede gustosa.—Llega el Conde de Fuentes, y hablando con el Duque, dícele éste llamarse Pedro Téllez, caballero de Andalucía. El Duque de Osuna tiene empeño en que no le descubran el incógnito, y hace aquí preciosas consideraciones acerca de lo que es el hombre y lo que es el linaje ilustre, por ejemplo:

"Los que a heredar solo nacen,
y no a vivir, como aquellos
de quien nacieron, debían
morirse niños, supuesto
que no tienen en el Mundo
cosa que hazer en naciendo..."

.........................................

"Luego el que en su obrar desluze
las glorias, que le adquirieron
sus mayores, de ellas es
enemigo, no heredero;
y de ellas es (pues le acusan)
no posseedor, sino reo."

Cuenta que mató en París a un cómico que representaba en el Cerco de San Quintín cosas calumniosas de Felipe II y que el Rey de Francia le indultó. Al pasar a visitar a la Virgen en el Santuario de Tongre (de tradicional devoción en la familia), se encontró que los flamencos incendiaban las casas, y él salvó precisamente a la dama que ha venido al Castillo (Margarita), trocando una de sus alhajas.—D. Lope la requiere de amores, y ella dícele que está prometida ya; y tanto la insiste él que cae desmayada en sus brazos.—Se baten D. Diego y D. Lope, y a poco sale el Duque de Osuna en busca de la dama.

---

*Jornada 2.ª*

El Duque cuenta a su criado Roque sus hazañas hasta el presente, sin haberse dado a conocer a nadie pues dice:

"que es realidad la persona,
y el nombre sonido vano."

Sale el Duque a juzgar el desafío, y dice muy en razón:

..."quando esta inútil hazaña
en nosotros se exercita;
y ¡ay de España, si no quita
esta costumbre de España!"

Hace que dejen las espadas, y una vez medidas, se las entrega. Pero D. Diego reclama entonces el anillo que cambió a Margarita; todos discuten largamente y todos quieren luchar, cuando entra *Carlos de Boffei* (hermano de Margarita) y lucha con D. Lope (que le había herido anteriormente) en favor de su cuñado (así llama a D. Diego); el Duque se pone de parte de D. Lope, y acaban riñendo todos por negarse el Duque a dar como premio al triunfador el anillo de Margarita. Vánse y salen las damas.—Cuando Margarita se va, sale el Conde leyendo una carta en que le hablan de la sublevación de Flandes y después Roque le da un romance que ha hecho en su elogio.—(Aquí hablan de que los poetas siempre son pobres, y el Conde juzga que deben ser mordaces sus versos, pues trae una cicatriz en la frente.)

Roque cuenta a Lope lo ocurrido al Duque, y D. Lope quiere robar a Margarita; ésta le manda esperar en una gruta mientras ella va por la llave de la puerta.—Por otra parte, Carlos y Diego han sobornado a la criada Inés para que deje en falso la puerta; también el Duque va al jardín.—Al poco tiempo sale Madama, y al ver tantos hombres se va a esconder en la gruta donde está D. Lope. Hay muchas confusiones, y acaban todos persiguiendo ya en vano a D. Lope, que ha huído con Margarita.—El Conde de Fuentes ha mandado prender al Duque y a Roque.

---

*Jornada* 3.ª

El Duque y Roque, presos en el castillo, lamentan su desgracia. De una pared se ve levantarse una hoja sobrepuesta y debajo hay una ventana (hecha para casos de guerra), por donde Madama Cruesvech habla a los prisioneros y les promete la fuga por una cuerda que baja al jardín; allí habrá dos caballos, para que huyan, pues ya tienen leída la sentencia de muerte.

D. Lope y Margarita (de hombre) se han bajado de los caballos y se encuentran cogidos por D. Diego y

Carlos; acaba Margarita luchando con todos.—El Duque quiere a Margarita y la dice que la salvó dos veces; pero ella le contesta que es la prometida de Don Lope; éste la hace callarse, pues descubre ya que el D. Pedro es el propio Duque de Osuna.—Calma el Duque la insurrección, dando en nombre del Rey las pagas que faltan a los soldados, que le entregan su mando; con ellos vence.—Madama Cruesvech se promete a D. Diego, y Margarita entrega a Madama su sortija en premio del hospedaje. Y termina:

"Otras Heroycas empresas,
que el Duque de Ossuna en Flandes
obró, durante esta Guerra,
dirá la Segunda Parte,
si os agrada la Primera."

---

MAYOR APRECIO DEL DESCUIDO DE UNA DAMA

V.

Xarretiera de Inglaterra (La).

---

MAYOR MONSTRUO DE AMOR (EL)

V.

Fieras de celos y amor.

---

MESAS DE LA FORTUNA (LAS)

(Auto sacramental alegórico.)

---

ms. { 16.804. / 14.840. } de la B. N.

E. Escuchad el pregón de las messas
A. para ser sustento de tanto, etc...

26 hojas.
Otro ms. 14.819. l. de mediados del siglo XVII.
Otro ms. 15.201. " "
Otro ms. 15.519. 29 hojas, l. de fines del siglo XVII.

---

En "Poesías cómicas" de 1722, t. II, pág. 478.
En el t. 58 de la "Biblioteca de AA. españoles", de Rivadeneyra, pág. 564.

---

*Argumento.*

---

(19 personajes, músicos y acompañamiento.)

---

La *Sabiduría* y la *Fortuna,* sentadas en globos, dan el pregón de que van a presentar cada cual sus mesas, pregón que interpretan el *Oráculo* de Jove y la *Noticia*. Por la Sabiduría sale el *Hebreo* y por la Fortuna el *Gentil;* el primero habla de las siete columnas de Salomón, en cuya sala será el convite; el segundo, del Capitolio, que se extendió a las siete colinas. El Oráculo presenta a la idolatría (Gentil) el Capitolio, y sobre él *Noé* con un cáliz y un pan; cuenta cómo descubrió el vino y se embriagó, vino que ha de convertirse en sangre.

En un monte aparece *Abel,* ensangrentado, sacrificando un cordero.

*Adam,* como difunto, aparece por otro carro. Júzguese lo hermosamente que el poeta traduce los textos sagrados; dice Adam:

"Sé que mi Redemptor vive,
y algún día ha de volver
a ceñirme este cadáver,
a circundarme esta piel,

he de ver a Dios, a quien
yo mismo juzgo gozar,
y mis propios ojos ver."

Espera en el Calvario la Resurrección.—Por otro carro aparece el sacrificio de *Isaac,* y por el cuarto carro el de *Melchisedech.*—En vista de todo esto el Oráculo teme que vaya a celebrarse un nuevo convite que sea a la vez el sacrificio de pan y vino, dispuesto por la Sabiduría.

La Idolatría invita al otro banquete de la Fortuna. Gira ésta alrededor de una rueda (con los astros) y con coronas, tiaras, libros... etc... *"y otros despojos de la Próspera y adversa Fortuna"*.—Baja de la rueda, y con la Noticia llama a todos a sus mesas. Refiriéndose a la astrología, dice cantando la Noticia:

"Vuestra vida tiene escrita,
por su ciencia singular,
de essos Quadernos azules,
en las hojas de cristal."

Del centro del círculo celeste, que se abre, se destaca un trono de gloria, donde está la Sabiduría que, al poco, baja en un rayo hasta la escena.—Reprueba a la Fortuna sus engaños para con los hombres.

"A un carro van assomando *el Rey, el Sabio, el Labrador, el Rico, el Pobre, la Abaricia* y *la Hermosura,* todos con el trage correspondiente, y delante el *Amor propio*".—El Amor propio pone vendas a todos, porque

"Todos andan en la vida
ciegos de su propio amor."

La Fortuna se lleva al Rico y al Gentil; la Sabiduría al Sabio y al Hebreo.

Queriendo el Oráculo indagar los problemas del destino (que a unos lleva al bien y a otros al mal), ve cómo la Sabiduría es la que guía a la Fortuna; y al mover ésta la rueda, van los hombres entrando en ella a buscar despojos. Cogen: el Rey, la corona; el Rico, el bolsillo; el Sabio, el libro; el Pobre, la muleta; la

Hermosura, el espejo; el Labrador, la azada; el Amor propio consuela a todos con la vanidad, cuando no están contentos con su suerte.

Cuando el Sabio, cansado de todo, dice:

"De todos me apartaré;
porque mi lección no impida
el comercio de la vida,"

el Amor propio replica en esta forma:

"No vale, que el Sabio ve;
buelvase luego a tapar,
pues que de todos se alexa."

Y el Sabio:

"El Sabio nunca se dexa
del Amor propio cegar."

Véase el sentido diálogo entre el Rico y el Pobre:

"*Pobre.* Dame por Dios.
*Rico.* ....................Perdonad.
*Pobre.* Tu caridad...
*Rico.* ¡Qué importuno!
*Pobre.* Que Dios da ciento por uno.
*Rico.* Essa Escriptura mostrad."

.....................................

*Pobre.* "Pues para qué he menester
al Rico que no me da?..."

El Labrador se queja de los tributos que el Rey le mpone; éste, de lo que el pueblo le obliga. La Hermosura dice que en ella tropiezan todos.

La rueda vuelve a quitarles las insignias:

"Con nada en el mundo entramos,
y con nada de él bolvemos."

Retírase la rueda. La Idolatría comenta el festejo de a Fortuna, el viernes, en su templo del Capitolio; pero ree que es una figura del sacrificio que otro viernes e ha de celebrar en el Calvario.—Lo indica la estaua de la Fe, vendados los ojos, y con un cáliz y espigas en las manos.

(Mutación).—Entre músicas aparecen adornadas unas

mesas, y en un pedestal, encima, está la Fortuna, tal como se pinta a la Fe.—Pasan los peregrinos romanos a tomar el pan y vino para el viaje; pero entre terremotos cae sobre las mesas la estatua de la Fortuna; se asustan la Idolatría y el *Imperio Romano*.—El Oráculo dice que en el Calvario acaba de expirar Cristo.

(Mutación).—Vuelven a abrirse los cuatro carros del principio, reconociendo los personajes biblícos el cumplimiento de lo prefigurado.—La Fortuna será en adelante Fe; el Amor propio, Amor del prójimo. Y después de hacer analogías entre el árbol del Paraíso y el de la Cruz, Adam y Cristo, alábase el nuevo Viático "Pan de las Mesas".

---

## MISTICA MOÑARQUIA (LA)

"Las Bodas del cordero".

(Auto sacramental, que suele atribuirse a Zamora.)

---

La B. N. posee de esta pieza dos mss.
Es el uno el de la colección de

> "*Autos | Sacramentales | Alegóricos | y Historiales. | De diferen- | tes Ingeni- | os de esta | Corte.*"

ms. 14.840.
En el fol. 85 contiene:
"La Mística Monarquía", de D. Francisco Candamo.
E. Vasallos y amigos míos.
A. Vivan, triunfen y reinen.
felices siglos.
32 hojas.

El otro ms. 17.242 es idéntico en el texto, pero la portada pone:

"*Auto Sacramental* | *Alegórico* | (tachado: La mística monarchía) *Y* | *Las Bodas del Cordero de Don* (debajo: Franc.º Candamo) *Antonio de Zamora* | *es de Gregorio Ortega* | *Año de* 1705 | 1713"

---

No sería difícil que fuese el autor Bances Candamo, puesto que su nombre figura en los dos mss.; el mas antiguo .parece .ser el que le tiene tachado.—Si las fechas (1705 y 1713) que este 2.º ms. contiene se refieren a la producción y a la copia, no es de Bances, que murió en 1704.

---

Nunca se imprimió como de este autor. Como de Zamora, está en el t. 47 de la Biblioteca de AA. españoles, de Rivadeneyra.

---

(De la lectura nada se deduce. El argumento es el desposorio místico del *Género humano* con el cordero divino.

La presencia de un "retrato", el tocador en que la *Ley de Gracia* se mira en el espejo que la *Caridad* sostiene; el decorado con "medias lunas", y hasta el repetido verso "Arma, arma", son muy de Bances; pero, como no son exclusivos tales detalles de ningún drámático de entonces, me abstengo de dar solución a este problema crítico.)

---

MUSULMANA NOBLEZA (LA).

V.

Inclinación española y mulsumana nobleza (La).

---

ORLANDO FURIOSO

V.

Cómo se curan los zelos, y Orlando furioso.

---

PIEDRA FILOSOFAL (LA)

(Comedia famosa.)

ms. 15.670 de la B. N.

"Fiesta a SS. MM. en los años de la Archiduquesa de Baviera."

E. A la deidad invencible.

A. de que el perdón os pedimos.

58 hojas, 4.°, l. del siglo XVIII, holandesa.—(Osuna.)

---

Sin lugar ni ano, 20 hojas, 4.° (Tiene dos ejemplares la B. N. con sello de Gayangos. Holandesa).—Está contenida esta edición en la parte 16 de "Jardín ameno de varias hermosas flores".

Otra edición en 4.°, 16 hojas, sin lugar ni año.—Pone *Vances Candamo.* (Ejemplar de Gayangos, en la B. N.)

Sin lugar ni año, 4.°, 40 págs.—[Al fin: "Hallaráse en la librería de los Herederos de Gabriel de León, en la Puerta del Sol."]

"Poesías cómicas" de 1722, t. I, pág. 322.

---

(Queda indicado el motivo de esta representación.—Se hizo en Palacio, a las tres de la tarde del 18 de enero de 1693, y se representó como nueva por la tan citada compañía de Agustín Manuel de Castilla.)

*Argumento.*

(12 personajes y 3 jornadas.)

*Jornada* 1.ª

El filósofo *Rocas,* que entre peñascos investiga las genealogías de los Reyes españoles, ve salir al Rey de España *Hispan* con su hija la Princesa *Iberia* acometidos por un león; pero un joven extranjero lo mata: es *Hispalo* (galán griego, discípulo de Rocas). Los soberanos (por no obligarse con él), le reprochan el haberles quitado el gusto de matarlo ellos.—Como Rocas ha salido al encuentro de Hispalo, le prenden los soldados del Rey; pues precisamente éste ha hecho la cacería para que Rocas salga de su cueva y así vaya con el Rey a darle consejo en el matrimonio de la Princesa—Han despechado a Hispalo, por suponerle uno de los Príncipes que aspiran a la mano de ella.

Iba Hispan a consagrar un templo a Hércules, en la isla de Cádiz, donde está la escena, cuando se ven llegar dos armadas: la de *Tesandro* (Rey de Cerdeña) y la de *Numidio* (Rey de Numidia); atracan sin permiso a la isla, y el Rey Hispan les dice cortésmente que den la vuelta a Cádiz, donde les ha preparado la recepción y hospedaje.—Como Hispalo se ha descubierto que es sobrino del Rey español, le abraza éste, y en memoria de la hazaña pone el nombre de "León" a la isla.—Siente Hispan deseos de que sea su sobrino el esposo de su hija y, ya en Cádiz, se aconseja de Rocas.—Este filósofo ha prometido a Hispalo elegirle esposo de Iberia, siempre que se obligue a vencer el hado de las estrellas (que es: morirá Rocas a manos del nuevo Príncipe).

La experiencia consiste en dar a Hispalo un reloj (que el criado gracioso *Lico* tendrá a la puerta de la sala), por el que se contarán tres horas, mientras dura el consejo con el Rey: esas tres horas estará Hispalo en la sala.—Enciéndese todo el palacio; Iberia pide auxilio (Rocas da a Hispalo un anillo encantado contra el fuego), la saca en brazos y se le cae un lazo del pelo, que fuerzan por coger Numidio y Tesandro contra él.—Iberia, desdeñosa, no reconoce por suya la cinta.

---

*Jornada* 2.ª

Por distintos paños acechan los 3 Príncipes la salida de Iberia, que al observarlos, les desaira.—Sin embargo, Numidio y Tesandro se celan de Hispalo, y éste saca la espada, lo que hace gritar a la Princesa.—Acude el Rey Hispan, y su hija le dice lo mucho que lamenta tal concurso de amor para elegir esposo; y para resolverlo, propone tres obras (que la isla necesita), y una de las que ha de hacer con mayor brevedad el que quiera su mano: muralla de defensa, traída de aguas dulces, y puente con el continente.—Tesandro escoge las aguas; Numidio el muro; pero Hispalo no es poderoso y no se atreve con el puente, aunque Iberia se lo pide; Rocas (que es quien inspiró a la Princesa), dice que lo hará con la magia; de modo que cuando los otros pretendientes han comenzado sus obras, ya el puente une a Cádiz con la isla.—Se hacen las bodas solemnes.—Acusado Rocas de haber pretendido robar a Iberia para Tesandro, es condenado a muerte por el nuevo Príncipe, cumpliéndose así el destino.—Se oye una tempestad.

Hispalo ve que Lico le presenta el reloj: han pasado las tres horas.

Todo fué un sueño; pero, inconvencible el pobre Hispalo, es tenido por loco.

---

*Jornada* 3.ª

La dama *Cintia* da por entre un lienzo varios cabos de cintas a los caballeros; por el lado opuesto las cogen las damas: es medio de elección, en que Hispalo toma la misma cinta de Iberia; pero ve a Rocas y le maltrata furiosamente por creerlo otro engaño.—(Entonces Lico dícele el cuento de un cazador, que no hallando liebres las fingía y alentaba a los galgos, hasta que cansados éstos de correr, saltó una liebre: ellos no la siguieron por creer que era engaño).—De todo deduce el filósofo que Hispalo será buen Rey, pero ingrato.

Con disfraces azules van varios galanes y varias damas. Espera Hispalo a que Iberia salga del templo de Hércules; pero tanto él como Cintia se confunden; y él la acomete con la espada, creyéndola sombra engañosa de su amada; bátese luego con Numidio, que se interpone.—Acude el Rey Hispan con Rocas; al ver a éste se enfurece de nuevo Hispalo, y le hiere llamándole engañador.—Lamenta el Rey Hispan esté tan furioso su sobrino, y hace le retiren a palacio para que nadie sepa sus desatinos.—Iberia (cubierta hasta entonces), se le descubre; él vuelve a acometerla con el puñal, creyéndola engaño; pero Iberia le detiene y se da cuenta de que todo es efecto del mago Rocas.

Compréndelo todo Hispalo, y deduce que su propia imaginación ha de ser la Piedra filosofal que convierte los males en bienes y los sueños en realidad.—Iberia le desdeña y grita porque vuelve a batirse Hispalo.—Rocas tiene la culpa, pero aquél le perdona (contrariando al hado); Tesandro y Numidio se enfurecen, mientras Hispalo se casa con la Princesa Iberia.

---

(Esta obra tiene semejanzas parciales con la de Ruiz de Alarcón, titulada *La prueba de las promesas*, en la que *D. Illán*, dedicado a la nigromancia, hace creer al pretendiente de su hija *D.ª Blanca* que es Marqués de Tarifa y Presidente de Castilla; con todo lo cual se envanece el galán, no cumple los favores prometidos al padre de D.ª Blanca y acaba por rechazar a ésta. Al fin se ve que todo ha sido falso. Como el mismo Alarcón dice al fin de su comedia, el asunto es del *Conde Lucanor;* pero en Bances aparece otra influencia oriental en el cuento de los galgos y la liebre.)

---

## POR SU REY Y POR SU DAMA

(Gran comedia.)

---

Se conoce esta comedia con los títulos de *El sitio y máscaras de Amiens, La toma de Amiens* y *Más es el ruido que las nueces* (1).—No son varias comedias distintas, como parecen pretender Durán y Barrera. La simple lectura del extracto que doy, convencerá fácilmente. Lo que ocurre es que se modificó algo para ponerla en escena como comedia nueva.

---

ms. 15.124 de la B. N.

E. *Portocarrero.*

Necia es tu curiosidad
A. y aquí tiene fin la hazaña
que hizo el famoso Hernán Tello
por su Rey y por su dama.

59 hojas, 4.º, 1. del siglo XVII, holandesa.

Otro ms. 16.994.—1. del siglo XVIII.—(Osuna.)

Otro ms. 17.488*15*.—50 hojas, 1. del siglo XVIII, con censuras de 1711.

A. por su Rey y por su dama.

(fin)

(*De otra mano*):

---

(1) No parece de Bances una comedia, sin lugar ni año, pero sevillana con el título: *Más es el ruido que las nueces y el Relox toque su hora.* Comedia famosa de un ingenio sevillano.—16 páginas, 4.º

y aquí la comèdia acaba
más el ruido que las nueces;
perdonad sus muchas faltas.

Otro ms. 16.637.

E. *Música.*

En hora dichosa venga.

A. y aquí tiene fin la hazaña
que hizo el famoso Hernán Tello
por su Rey y por su dama.

44 hojas, 4.º, l. del siglo XVIII, holandesa.—(Osuna.) En la primera hoja, nota: "Esta comedia es la primera de dos que escribió el autor de esta historia con este título".

---

Contenida en el t. 49' de la "Biblioteca de autores españoles", pág. 369.

Idem en el t. 14 de la "Colección de autores españoles", de Baudry.

Idem en el t. 30 de "Comedias escogidas" (1826-34).

Idem cn el t. 48 de "Comedias escogidas de los meiores ingenios de España" (1652-1704).

Idem en el t. 5.º del "Tesoro", de Ochoa.

Valencia, sin año. 4.º, 40 págs.

Valencia, 1770.—Viuda de Joseph de Orga. 20 hojas, 4.º (La B. N. posee un ejemplar con exlibris de Gayangos.)

Sevilla, sin año.—Joséph Padrino, 4.º

Impresa en "Poesías cómicas" de 1722, t. I, pág. 436.

Madrid. 1832.—Ortega, t. I, 8.º

---

(Parece que esta fué la primera obra palatina de Bances.—Por la fecha que le asignan las ediciones, y confirma entre otros el Sr. Pérez de Guzmán, así debe creerse.—Se estrenó el 15 de noviembre de 1685 a los años del Emperador de Alemania Leopoldo I por las compañías de Rosendo López y Manuel de Mosquera.)

*Argumento.*

(13 personajes, soldados y 3 jornadas.)

*Jornada* 1.ª

*Hernán Tello Portocarrero* quiere despedir a su criado *Carrasco,* y *Francisco del Arco* aboga por que no le despida; pues la causa es cierto recelo del amo porque el criado le mira un retrato de mujer que tiene. Cuenta Carrasco lo galante que el señor es con las damas, cómo se echó al agua una vez por amor de una... etc. Su carácter franco se pinta en los siguientes versos:

"Digo a todos quanto siento,
del General, al Soldado,
si por esto no he medrado,
por esto vivo contento.
.......................................
Que aquel, que afectado ves,
es, haciéndose a sí mal,
verdugo del natural
y martyr de el interés.
De lo que digo, tal qual,
todos de risa se quiebran,
y yo, de ver que celebran,
el que de ellos digo mal".

Esperaba de paso para Amiens a los príncipes de Condé, y cuéntalo a Arco; también le refiere el sitio de Dorlan, en el que un francés herido le entregó un retrato hermosísimo qué había cogido a un gran personaje: es de una dama de tal belleza que la buscará en toda Francia.

Antes que los de Condé, llega a casa de Portocarrero *Ernesto* (viejo francés, que va de Potestad para Amiens) y su hija *Serafina* que es precisamente la del retrato, a la que Portocarrero se dirige (en un momento en que está sola): ella le quita el retrato, y él promete ir a recuperarlo a toda costa.

Llegan después los Condes de San Pol, y *Carlos Dumelino* (que viene desde Amies a recibirlos, pues el Conde va allí de Gobernador); comentan cómo el Conde dejó prisionero en Dorlán a Carlos y cómo éste perdió allí el retrato de Serafina, que es tan hermosa.

El Conde tiene interés en que su esposa vea los Carnavales de Amiens.

Carlos salva a Serafina de un vuelco del coche en que va con su padre Ernesto; ha acudido tambien a cogerla el Conde; pero Portocarrero aparta a los dos con violencia.—Al ver los soldados de este último que salen las espadas, pasan la línea fronteriza, a pesar de las voces de su jefe que les dijo "atrás": da explicaciónes a los otros, y no admitidas, retrocede dignamente, sin volver la espalda, besando el desnudo acero, e inclinándose ante las damas y generales; en tanto Serafina se queda triste.

---

*Jornada 2.ª*

Dejadas las tropas en un bosque vecino, han entrado en Amiens Portocarrero y Carrasco disfrazados de franceses.—Salen Serafina y la Condesa con las damas disfrazadas todas; también va el Conde con sus criados *Ricarte* y *Renolt*. Enterados de que va vestida de verde Serafina, van a invitarla a la vez a bailar Carlos y el Conde: luchan éstos.—Ernesto les manda descubrirse, y el Conde huye para que su esposa no le conozca.—Portocarrero se da a conocer a Serafina, que le invita al baile de su casa por la noche.—Como la Condesa sabe que la han visto, quiere cambiar el disfraz con Serafina, a lo que ésta tiene que acceder.—Carlos tiene celos del Conde, que teme le burle por ser de mejor sangre, y quiere cambiar de disfraz.

En el baile están descubiertos el Conde y Ernesto. Portocarrero, junto a la Condesa (disfraz de Serafina); Carlos junto a ésta (disfraz de la Condesa). Portocarrero se ha equivocado y se da a conocer a la Condesa; la que benévolamente le dice dónde está Serafina, que cita a la reja a su amante.—Al pasar se cae, y luchan por alzarla Carlos y el Conde.— Carlos huye, y como Portocorrero da tajos al primero que le sale, hiere a Ernesto (que iba por la paz); hay varios heridos en el jardín, y cambios de disfraces en un portal sin saber unos de otros los refugiados.

Quedan disfrazados así: Portocarrero (disfraz de Carlos) y viceversa; Ricarte (con el de Carrasco); y éste con un disfraz nuevo hallado.—Se van a casa de Serafina, mientras Ernesto y el Conde salen con luces tras los huídos.—Cógenles a todos, y al descubrirse les agasajan, porfiando todos por tener en su casa a Portocarrero. Pero huyen merced a Serafina que les facilita una salida por su jardín que está sobre la muralla.—Serafina para que su amante no vuelva por el retrato, se lo da. Portocarrero promete tomar Amiens para casarse con Serafina (para que la dama no salga de su casa, dice socarronamente), porque rendir Dorlan a los franceses sería traicionar al Rey (que es antes que la dama).

---

*Jornada* 3.ª

Portocarrero promete rendir Amiens.—El viejo *Ortiz* con el "Mundinovi" (unas baratijas) ha entrado en la ciudad y vendió a Serafina unos polvos con *receta*, que ella le devuelve (es carta para Tello Portocarrero).— En el bosque se oye ruido, y Carlos viene a los pies de Portocarrero, en súplica de ayuda. Reconoce en él al prisionero del retrato y al de la hazaña nocturna de Amiens. Cuéntale Carlos su amor por Serafina (lo que exalta a Portocarrero), y cómo llevó a un pintor que la copiase: perdió el retrato en Dorlan, y ahora le hace la competencia amorosa el Conde. El Conde le metió en prisión, pero él se ha evadido "*limando con oro las guardas*", y viene en apoyo de los españoles, en contra de sus ingratos franceses, que precisamente tienen en Amiens sus provisiones de guerra.

Arco y los soldados van vendiendo frutas a Amiens, y Carrasco de carretero (provisto de armas).—He aquí el plan de Hernán Tello:

Antes de amanecer estará él dando órdenes ante Amiens, junto a una ermita, donde se quedará con 200 españoles preparados. Arco y los suyos, con sacos de nueces y manzanas entrarán en la ciudad, y detrás de ellos irá el carro de Carrasco que (sueltos los caballos) debe obstruir la puerta de entrada de la muralla, conteniendo a la vez el rastrillo: los demás entrarán por debajo del carro, mientras duermen tranquilos los habitantes de Amiens.—Como debían volver la artillería contra la plaza, decía Carrasco a Arco (que llevaba uno de los sacos) "*que el ruido es más que las nueces*" (y de aquí el otro título). Como el Conde ha ido a Perona, quiere Portocarrero que las tropas españolas vayan custodiando a la Condesa hasta allí; pero ella dice que ha de esperar unos días en Amiens para ser madrina en las bodas de Portocarrero y Serafina.

Carlos, disgustado, es envíado a Dorlan, sin que busque ya el retrato, que posee (con el original) Hernán Tello Portocarrero.

---

## PRIMER DUELO DEL MUNDO (EL)

(Loa para el Auto)

Esta loa se imprimió con el auto de "*El Sacro Parnaso*", en el t. V de "autos sacramentales" de Pando y Mier, ya citado, en 1717.

Impresa en "Poesías cómicas" de 1722 t. I.—pág. I.

*Argumento.*

La música manda que canten el cántico nuevo, a lo que responde el *Culto* que cómo han de cantarlo habiéndolo cantado tan bien los del Antiguo Testamento.

La *Música* dice que ella lo cantará, ya que ella fué la que cantó el *Santo santo* cuando cayó Luzbel; también quiere cantarlo la *Poesía* puesto que estuvo en labios de Jesucristo en el himno de la cena, antes de padecer La *Alegoría* refiere las veces que en lo Antiguo representó la Eucaristía; la *Ley Natural*, dice que cantó el himno en las aves y las fuentes:

"En voces undosas y amantes gemidos
de líquidas aguas, y métricos picos".

La *Ley Escrita* guarda los primeros cánticos:

"Porque a Dios se hable en sacros oficios,
En números dulces, de armónico ruido".

La *Ley de Gracia* dice que ella iluminó las sombras con María y Cristo. El *Zelo* dice que cantó por S. Ambrosio, el *Ingenio* por S. Gregorio, el *Fervor* por San Atanasio en el *Símbolo* de la Fe, y el *Afecto* por Santo Tomás de Aquino, que dijo en los himnos eucarísticos:

"que todo sea nuevo oy,
retirándose lo antiguo."

Todos se dan por convencidos; y el Culto dice que según eso, es preciso hacer una obra nueva. A lo que añade la Ley de Gracia:

"Alegoría, Poesía,
Y Música, ya es preciso.
que resulte de su unión
el numeroso artificio
de un auto sacramental".

Terminan pidiendo favor a las personas reales y autoridades para que empiece el festejo.

---

PRIMER DUELO DEL MUNDO (EL)

(Auto Sacramental.)

La B. N. posee los siguientes mss.:

ms. { 17.313.<br>14.840.

E. Pues la Naturaleza hoy nos destruye.
A. De sentidos materiales.

28 hojas.
ms. 16.351. l. de fines del siglo XVII (Durán).
ms. 16.409. 26 hojas. l. del siglo XVIII (Osuna).

---

Impreso en "Poesías cómicas" de 1722, t. I, pág. 6.

---

(Se estrenó con los de otros autores el 29 de mayo de 1687, ante los Reyes en el Real Palacio. El 30 se hizo ante el Consejo de Castilla, y en días sucesivos ante los demás Consejos y la Villa.—En 1691 prefirieron a éste y a "*las Mesas de la Fortuna*" dos de Calderón.—Véanse los documentos aportados a la Biografía.)

---

*Argumento.*

---

Música dentro y terremoto. El *Temor* y el *Deseo* buscan dónde esconderse; y la *Naturaleza* (vestida de dama) asustada, se niega al Deseo, y dice al Temor·

"No sé
dónde a sus iras me hurte;
Si tomo alas y vuelo,
Aun no harás que me asegure
en el aire, que en el aire
Dios está; si haces que surque
de undosas sendas instables
ricas montañas azules,
allí está Dios; Si pretendes
que en los abismos me oculte
y que en su centro horroroso
sus bóvedas me sepulten,
allí está Dios, ¿dónde iré?..."

Sale el *Mundo* arrastrado por los cuatro elementos sujetos a él con cadenas que intentan romper, y alternan en sueltos diálogos; después se apartan, sin soltarse al ver al venerable *Rey,* al Joven *Esposo* y al *Amor.*

El *Pecado* acusa de adúltera a la Naturaleza, prometida del Esposo. El Rey ha de presenciar el duelo entre ambos contendientes, y encarga al Mundo señale el campo de la lucha, y prenda a la Naturaleza:

"Y en tanto a esa ingrata aleve
presa tendrás en lugubres
calabozos, pues el Mundo
carcel es, si lo discurres
de la humana vida."

Los elementos la sujetarán, y el Esposo va a rechazarla, mientras llora el Amor hasta conseguir que el propio Esposo la defienda, sin ella saberlo. Siguen los elementos dialogando y aherrojando a la Naturaleza a quien el Temor oprime más.

"Porque el temor, si lo apuro
con recelo bien extraño
es una aversión del daño
que está anteviendo futuro".

El Deseo y la *Imaginación* la auxilian, y esta últi ma dice:

"que yo no tengo acción mía
en alivio o en dolor,
pues me visto del color
que me da la fantasía."

El Temor requiere a la Imaginación para que la atormente presentándola temores; y la presenta el *Agua* que se desborda en nuevo diluvio, cosa que desmaya a la Naturaleza. Cobrado el sentido, viene el Deseo que también reclama el auxilio de la Imaginación, y ésta le ayuda como ayudó al Temor. El Deseo pide un manjar que la cure y hermosee, ya que la serpiente la dió un bocado ponzoñoso. Y la Naturaleza quiere hacer llegar sus afectos al cielo, cantando la música:

"Divino lidiador fiel,
a quien tiembla tierra y cielo
ven a este místico duelo
en defensa de Israel;
ven, ven, ven,
que quien llora, padece y suspira
te llama con ansia, te aguarda con fé".

El Esposo con banda azul en el rostro y el Pecado con banda negra, salen por opuestos carros a verla y consolarla, queriendo prestarla armas para defenderla y manjar para curarla.

La *Tierra* canta:

"Del Salvador una sombra
mi centro te ofrece hoy,
hasta que lluevan las nubes al Justo,
y produzca la tierra al Salvador"

Y se presenta *Abraham* saliendo del carro de la Tierra, sacrificando a *Isaac* al que reemplazó un cordero inocente. Pero el Pecado apuñala a Abraham:

*Nat.* "Cielos, no bastó Abraham
por quien hoy la Fé se entiende
a librarme?......
*Esposo*................. Fé sin obras
no bastará a defenderte".

Búscala el Deseo consuelo en el Agua, y la Imaginación la presenta a *Moisés* atravesando el Mar Rojo, a quien pide auxilio:

"Ven, ven, ven...."

y el Agua canta:

"La sombra te ofrece el agua
de la gracia del Señor,
que también misteriosas las aguas
son centro del espíritu de Dios."

Esa sombra es *Moisés*, que la ofrece sus armas de capitán y el Maná como alimento. Pero muere también a manos del Pecado y la Naturaleza pide auxilio a *Aire*:

"Ven, ven, ven...".

Y llega *Sansón*, que con sus cabellos dió fuerza al aire, y trae el sacro panal formado en la boca de león, trae armas y manjar; pero también sucumbe.

El *Fuego* personificado en *Elías* que sale de su ígneo carro, quiere curar el veneno de la serpiente; al ir el Pecado a matarle, vuela y huye llevando consigo al Temor y dejando sola a la Naturaleza, a lo que dice la Imaginación:

"Los que iban a amparar
por el pecado murieron,
con que solo sombras fueron
de aquel que te ha de librar".

Lamenta entonces la Naturaleza no poder acudir a su Esposo que es precisamente el ofendido, y éste se la presenta en una nube, y entablan diálogo en que aquélla llora los efectos del Pecado; y el Esposo dice que la defenderá, aunque encubierto con una venda que toma de ella para que así le conozca; toma la venda roja, pues

"Su matiz
es de carne de doncella,
yo ofrezco antes de salir
no perder nunca esta prenda
tomada una vez de tí".

El la crió tan perfecta que la envidió el angel mas hermoso

"quando mi enojo, en arder
le convirtió su lucir".

Y después de haberla criado, se dejó seducir ella por la serpiente; y luego de vencer, por los elementos. Quiere de nuevo defenderla:

"haciendo que del Dragón
pises la dura cerviz;
y haré también que la sierpe
por su mal llegue a cumplir
la palabra que te dió,
pues si te promete allí
ser como Dios al comer,
yo te sabré prevenir
manjar, en que eso se cumpla;
pues si llegares feliz
a gustarle, quedaré
en ti todo yo, y tú en mí."

Pero entretanto contarán los antiguos lo que profetizaron de él; y baja *David* de un carro de pájaros y naves, vestido con manto y corona real, cantando al arpa que el Esposo, tomará las armas, y el escudo. Entre árboles y alimañas llora en la tierra *Job*, y la Tierra dice:

"Ay mísero del hombre, cuya vida
se desvanece sombra y nace flor."

El llanto de *Jeremías* mueve al Agua a cantar:

"¿Quién les dará a mis ojos y a mis penas
una fuente de lágrimas eternas?"

¿Quién vencerá a los enemigos y librará de ellos a su esposa?...

La Imaginación le presenta a *Isaías*, que sale de entre llamas y salamandras, en forma de Fuego, y canta:

"Saldrá a campaña como fuerte y diestro".

Todos dicen en animado diálogo que aguarde para su defensa al Soldado celeste y sacro campeón que le ofrecen

"En el aire, en la tierra, en el agua, en el fuego,
David, Isaías, Jeremías y Job."

Ciérranse los carros, y consolados todos, clama la Naturaleza al Esposo:

"A tí clamé, Señor, desde el profundo
seno de aquesta estancia cavernosa
Oye la triste voz, y dolorosa
de mi deprecación, que en tí confío,
que ha de tener defensa el honor mío,
como tantos profetas me predicen
puesto que todos a una voz me dicen:

*Nat. y Música.*

Que aguarde feliz, espere dichosa,
desee constante, pida con dolor,
el celeste soldado, el sacro campeón
que hoy me pronostican, que me anuncian hoy
en el agua, la tierra, el aire, y el fuego,
David, Isaías, Jeremías y Job".

Temeroso el Pecado al escuchar esto, pregunta al Juez (Mundo) qué es lo que ocurre; y pues la Naturaleza no tiene defensor debe el Rey declararla adúltera. A lo que contesta el Mundo, que ella espera un defensor aventurero que los profetas indican, de lejanas tierras y desconocido de todos; tarda, por venir de lejos.

El sitio señalado para el combate

"es la frondosa esquivez
del Golgotha, esa montaña
cuyo bulto al parecer,
estrecha el aire; pues siendo
en su enmarañada red
Gigante vegetativo,
le vienen a componer,
si las nubes el turbante,
Coturnos Jerusalén:
este es el sitio que a duelos
que se ventilan por él,
la verde tumba de Adán
bárbaro teatro es".

Se oyen dentro martillos al compás de la música:

"Temed, temed, temed,
Que se labran de Amor en la fragua
Las armas del fuerte
Que aguarda Israel".

Espantados el Pecado y el Mundo huyen, pues aparece una fragua en forma de corazón, donde está el Amor; los elementos son los martillos, y el Esposo viste de encarnado.

Ya el Amor forjó las armas, sin obra de varón, con la materia de los elementos:

"Temed, temed, temed".

La Tierra ofrece al Esposo el brocado de rosados matices:

"tiene el arnés brillante
de acero fulminante".

Le pone el peto, diciéndole·

"Viste el peto que rayos
brillando esparce,
aunque David lo escuse
para el Gigante"

El Aire canta presentándole:

"en la acerada gola
cimera que tremola
olas de pluma en que se anega el viento.
En tus sienes divinas
que han de orlar flechas verdes las espinas,
que no es la vez primera
que misterioso,
plumas de Serafines
cubren tu rostro"

Le da el Fuego la espada

"pues en su cruz espero yo tu gloria".

Y el Agua el espejo inmaculado de María,

"porque saldrás sin duda
con mayor gala
si te miras en este
cristal sin mancha"

Una vez armado, todos le vitorean recordando las profecías. El Esposo, pues se armó en Belén (*casa de Pan;* y en sirio, *de guerra*), con armas y alimento la defenderá del veneno de la serpiente. Vase acompañado del Amor.

Al sonido de cajas y clarines sale el Mundo con bastón de Juez, y el Temor pone vallas en forma de Cruz. El Mundo dice:

"*Del primer duelo del mundo*
cuyo terrible certamen
en las memorias impreso
se vincule á las edades
es el aplazado día".

Y el Temor con la valla en Cruz estorba que se acerquen los luchadores. Los Reyes de armas son las cuatro partes del mundo cogidas por los elementos: (Aire, Europa; tierra, Asia; fuego, Africa, y agua, América) y lanzan el pregón:

"Oid, oid, mortales,
el pregón de la lid generosa,
del duelo sangriento; del nuevo combate,
en que a la Naturaleza
acusan hoy de un crimen execrable".

La Tierra dice que el acusador es el Pecado; y el Mundo manda que la saquen de la Cárcel y que comparezca precedida de tristes sordinas. Sale cubierta de velo negro, y la Imaginación y el Deseo de gala.

Canta la *Naturaleza*:

"Ay infeliz de aquella que por fácil
tantos bienes trocó por tantos males,
lágrimas infelices,

romped la blanda cárcel,
y a compasivas quejas
feriad dulces piedades.
Muévanse a mis acentos
Montañas, cumbres, valles,
Arboles, flores, riscos,
Ríos, fuentes y mares.
Y vos, Divino Esposo,
pues en tan duro trance,
aunque ofendido Dueño,
me amparais fino amante,
Postrad mis enemigos,
que airados me combaten,
pues tiernas os repiten
mis ansias lamentables"

La acompañan el Deseo y la Imaginación.

El Rey coloca su trono en el sol. Luchan de un lado el Pecado y la *Muerte,* en cuyos escudos va la Imaginación señalando los atributos que pintan. Es el del Pecado un Dragón que pretende empañar al Sol con su venenoso aliento; y su mote es (según el Deseo) "Basta intentarlo"; laméntase la Naturaleza de la vanidad de soberbia del Pecado.

El Amor pinta en su escudo el Sacramento, con el mote "Ego sum via, veritas..." y acompaña al Esposo que lleva vara.

Llámale el Mundo, aventurero y samaritano por su traje; á lo que dice el Esposo, que no lo es aunque se lo llame; y al ser de nuevo interrogado contesta:

"Yo soy quien soy".

No le conoce el Mundo; y el Amor dice que Juan lo pregonará en adelante. Le presenta el Rey con esta frase:

"Este es mi Hijo querido,
en quien mi amor se complace".

Todos le reconocen entonces, aunque el Mundo se

extraña de que haya entrado sin pompa. Le reconoce el Aire, y el Mundo le pone alfombras de palmas y olivos para que pase; pero le pone al hombro una pesada lanza de hierro, que le hace inclinarse

"para que el hombre levante".

Preséntase a defender a la Naturaleza.
El Pecado pregunta:

"¿Quién será
hombre que pueda escaparse
de mi registro?"

El Pecado lleva por armas contra el hombre la humanidad. El Esposo también lleva esa arma. Ofréceles el Mundo un refrigerio de Pan y Vino, que el Pecado resiste a tomar, pero toma al fin:

"Mundo, amigo que no estrañes,
que para venderle, llegue
el Pecado a comulgarle."

Comenzado el torneo, hiere el Amor con su lanza al Esposo en un costado, produciendo

"una fuente de agua y sangre"

y tiembla el Mundo con los cuatro elementos.

Luchan luego a espada, y mueren la Muerte y el Pecado, pues la espada es la Cruz:

"Y el Pecado, a los brillantes
filos de esa Cruz luziente,
que resplandores esparce
en tu espada, queda muerto".

Canta la Naturaleza el triunfo de su Esposo, y el Rey la declara libre, puesto que su hijo satisface por ella.

No cabiendo acusación insiste el Pecado en que delinquió, y es necesario que se cure del veneno tomado. A lo que se abre el carro de Abraham con el Cordero del sacrificio; el del Agua con Moisés ofreciendo el Maná; el del Aire con el panal de Sansón;

el del Fuego con Elías dándole el pan; y por fin una tienda de campaña con el Santísimo Sacramento.

La Música canta estrofas de alabanza; todos se rinden, y presencian las bodas del Esposo con la Naturaleza:

"A tan alto Sacramento
rindamos culto constante,
y supla la Fé el defecto
de sentidos materiales"

---

## PRIMER DUELO DEL MUNDO (EL)

(Entremés para el auto.)

*El Astrólogo tunante.*

---

ms. 16.837 de la B. N.

E. *Astrólogo.*— ¡Ah del Mesón!
*Bárbula*: ..¿Quién a estas horas llama?
A. que tenga Filis un leño.

6 hojas, 4.° l. del siglo XVIII, holandesa.

---

Impreso en "Poesías cómicas" de 1722 t. I.—pág. 36.

---

*Argumento.*

---

Es el *Astrólogo* un Licenciado de Salamanca que llega a presenciar a Madrid las fiestas del Corpus, y llama a media noche pidiendo hospedaje en un mesón. *Bárbula,* la dueña; no quiere abrirle, porque no trae dinero. El Astrólogo la dice amores, y ella accede a darle posada en un pajar.

Al poco tiempo salen, también a enamorarla, el *Sacristán,* un *Doctor* (que trae dinero), el *Sastre* (con un traje para la fiesta), y un *Hidalgo* (con sus linajes), pero sorprende la algazara *Lorenzo,* marido de Bárbula: ésta oculta al Sacristán en un horno que ahuma; al Doctor en la tinaja con agua; al Sastre en un cesto, y al Hidalgo en la artesa. Todos se habían disfrazado para la ronda amorosa, con trajes de animales.

Al querer cenar el marido, grita el Astrólogo desde el pajar pidiendo cena, y promete a Lorenzo adquirirla por medio de sus conjuros o nigromancias. Conjura los manjares, y manda a la Bárbula saque de cada escondite de los de la ronda, los regalos que la llevaron. Todos se resignan a entregarlos; aunque salen después a llamar tunante, necio y burlón al Licenciado; pero al verlos Lorenzo huyen a sus escondites. El Astrólogo hace creer a Lorenzo que todo es ilusión, por sus artes de magia.

*Astról.* "Figuras son, que a mi magia
Oy ha condensado el viento,
Y al veros se desvanecen.
*Lorenzo.* Jorara que se metieron
en el horno, la tinaja,
en la artesa y en el cesto!"

Al querer repartirse el dinero, todos pegan al marido. Se pusieron los disfraces de animales (con lo cual crece el pasmo de éste), y termina a palos el entremés.

---

(Dice el Sr. Cotarelo en su t. I. de "Bosquejo histórico del entremés..." etc... (CXIV): "*El Astrólogo tunante* es imitación de la *Cueva de Salamanca, El dragoncillo* de Calderón y otros que tocaron este asunto. Aquí son cuatro y no dos los galanes, con lo cual se dilata más el hecho de la aparición de las cosas en la mesa y la sorpresa del marido".)

---

## PRIMER DUELO DEL MUNDO (EL)

(Mojiganga para el auto.)

ms. 17.313 de la B. N.
E. *The.* Viéndome con la vara ya empuñada
A. dan, dan, dan.
5 hojas, l. de fines del siglo XVII.—Autógrafo. (Osuna.)

---

Impresa en "Poesías cómicas" de 1722, t. I, pág. 44.

---

*Argumento.*

---

Los cómicos desean todos que haya fiesta del Corpus, y mandan salgan los hombres vestidos de mujeres, y éstas de hombres. Salen dos músicos vestidos de damas, cantando ridículamente:

"No te quexes más Belissa
de mi fina voluntad
que no es causa una fineza
de que te puedas quexar".

Siguen cantando, y como lo hacen mal, intentan ver si tienen más éxito en una comedia. Dícense unos a otros ridículos amores, y no contentos de ello, empieza la Mojiganga. Una, vestida de Negro, con instrumento de palo y una calabaza, canta unas coplas americanas. Una gallega, toca la gaita, y bailan todos. Por fin, una Dueña y un enano danzan el Zarambeque; y acaban por salir todos los del vestuario a formar coro general que pondera al Alcalde, al Tribunal y a la Villa, al Rey Carlos II, y a las Reinas, en estas coplas;

"Día tan festivo
se alegre el lugar,
y el Alcalde empieze
su celebridad,
*andar, andar, andar,*
*que las campanitas de Corpus,*
*dan, dan, dan.*"

"Y el glorioso Carlos
que con pompa igual
ilustra festivo
la solemnidad
*andar, andar, andar.* "
"Las augustas Reynas
cuya Magestad
oy más nos alumbra,
y nos ciega más,
*andar, andar, andar...*"
..................................
..................................
"Uno y otro grave
docto Tribunal,
y la Noble Villa
centro de lealtad,
*andar, andar, andar...*"

---

## QUIEN ES QUIEN PREMIA AL AMOR

(Loa para la Comedia.)

Impresa en "Poesías cómicas" de 1722, t. I, página 50; y con la comedia en otras ediciones que se citan.

### *Argumento.*

(A la mejoría de la Señora | Reyna viuda, | Representaron | las señoras Damas de su Magestad | en el Gran Salón de su Real Palacio.)

El *Escorial* y *Aranjuez* de galanes, aquél con llave dorada y éste con hábito de Santiago . El *Pardo,* el

*Retiro* y el *Abanino,* también de galanes. *Segovia,* la *Casa de Campo,* la *Corte,* la *Música* y la *Etiqueta,* de Damas. La *Zarzuela* de villana graciosa.

Los reales sitios se disputan la honra de hospedar durante la Primavera a la Reina Doña Mariana, que está convaleciente. Tiene el coro:

"Albricias, Mosquetes,
albricias, violas,
que en ella los llantos
de tantas auroras,
sus granas salpican,
sus púrpuras bordan,
y galas son de perlas
las lágrimas de aljófar?"

Termina la loa así·

"Admitid de vuestras Damas
con júbilo tan rendido
este excesso de plazer
en trage de sacrificio".

(Casi toda en romance.)

---

## QUIEN ES QUIEN PREMIA AL AMOR

(Comedia nueva.)

---

Doy por seguro que esta comedia es la misma que Mesonero (pág. XLV) y Barrera (pág. 68) ponen con el nombre de *La Reina Cristina,* puesto que esta reina de Suecia es la protagonista de la comedia que aquí se estudia; y no se conoce ninguna de Bances que lleve el segundo título.

Impresa suelta en Sevilla.—Correo Viejo, sin año, 4.º 36 págs.—Incluída esta edición en el tomo II de "Comedias varias".

Otra edición de 20 hojas, 4.º sin lugar, imprenta ni año.—Ejemplar de Gayangos.

En "Poesías cómicas" de 1722. t. I, pág. 57.

(Debe ser de 1701.)

---

*Argumento.*

---

(En 3 jornadas y con 13 personajes.)

---

*Jornada* 1.ª

Al toque de clarín sale *Federico* (Conde de Dona) en traje militar, y cuenta a su prima *Laura* (dama de *la Reina Cristina* de Suecia) los triunfos guerreros del Príncipe *Carlos* de Suecia, a quien sirve.—En su tocador la reina cuenta a sus damas y especialmente a Laura las buenas cualidades de Federico, del que nadie sabe si tiene o ha tenido amores; le llama la Reina, y él entra a contarla la nueva victoria del Príncipe Carlos. Llega éste después, y todas las Damas (incluso Laura) le galantean, sin hacer caso de Federico. *Beltrán* es el gracioso. A lo lejos se oye siempre la tonada:

"cala cuerda, tambor, cala cuerda,
arma, arma, clarín, arma, arma."

(Mutación de Selva florida, con foro frente a un Palacio.)

El *Duque de Holsteim* y *Othon* (su gentilhombre) ven de lejos el cortejo de la Reina Cristina, y ven que vuelca su carroza, otro se ha adelantado ya a salvarla: el español *D. Antonio Pimentel* que ha auxiliado a la Reina, mientras Federico lo ha hecho con Laura. Holsteim se acerca a la Reina (sintiendo haber llegado tarde) y a la vez la presenta las credenciales de

Embajador de Dinamarca, que viene a rescatar a su hermana *Leonor* (princesa de Holsteim) prisionera de Suecia. (Han cambiado los papeles, pues el verdadero Holsteim es el que hace de Othon).—Llega luego el cortejo en el que el Principe Carlos trae de la mano a Leonor; y al verla Holsteim la dice que aunque no la conozca, es su hermano, y ella comprende el misterio.—Pimentel (como representante del Rey de España Felipe IV) ofrece a la Reina su Palacio para hacer noche, a lo que ella accede. Entran todos menos el Duque de Holsteim y Leonor (que quedó con permiso de la Soberana); pero Carlos y Federico, al oirles amores, salen a decirles que la Reina los llama.—Queda luego Federico solo, y saca un retrato de la Reina Cristina: lo besa, y lo mete en un estuche de espejo, cerrado con muelle de acero. Pero Beltrán que lo ha visto (y tiene el encargo de saber si tiene amores) se lo arrebata, y Federico le persigue con un puñal, a lo que Beltrán da gritos, que hacen venir a la Reina con sus Damas y a Pimentel.—Beltrán cuenta lo ocurrido y da el retrato a la propia Reina, que por sí e instigada por Laura, tiene viva curiosidad de abrir el estuche, que pone encima el mote: "Por tí vivo y por tí muero".—Federico, turbadísimo, ruega a la Señora no vea el retrato, pues no sabe ya si echó bien el muelle de acero.—Juzgan las damas que o se ama a sí mismo al mirarse, o galantea a todas las que se miran en su espejo.

---

*Jornada 2.ª*

A solas cuenta Federico su inútil amor a la Reina, por ser de criado a Señora, y competido por el Príncipe Carlos, heredero que se juzga del trono. Para calmar las charlas de Beltrán le da un reloj con brillantes.—Salen Leonor y Holsteim por el jardín; y Carlos que les escucha (y está prendado, no de la Reina, sino de Leonor), al oirles amores, requiere al supuesto hermano, a lo que Leonor le dice guarde su amor para la Reina a quien ama.—Laura canta letras amorosas, de que gusta Cristina.—Proyéctase una cacería a orillas del helado Báltico, y los caballeros acompañarán a ella a las Damas. Cristina funda la Orden militar de la Amaranta, de la que hace caballero a Pimentel, en pago de sus favores, y acompañada de él sale a la cacería; da a Carlos la mano de Leonor; a Federico, la de Laura; a Holsteim, la de *Enrica;* a Othon, la de *Flor*; a *Ricardo,* la de *Carlota.* Todos entran en el bosque a los acordes de música. Laura (en prueba de amor a su primo Federico), se ha puesto al cuello el espejo, sin saber que lleva el retrato dentro.—Holsteim y Leonor, separados de sus parejas, se encuentran en el bosque y llegan a abrazarse; pero les ve Carlos, y reta a Holsteim a un desafío, que la Reina intenta deshacer, a la vez que afea la conducta de Holsteim, venido como hermano y Embajador, y no como supuesto amante: se descubre el cambio de papeles con Othon.—Federico acaba por quitar a Laura el espejo, que al forzar cae al suelo hecho pedazos, dejando verse el retrato de la Reina. Laura da voces de despecho y le llama atrevido. En esto aparece la Reina, sin saber qué hacer; pues si no castiga a Federico le tolera el amor, y si lo castiga, pena un amor oculto, que es lícito.—Fingiendo no haber conocido el retrato, lo pide, y se corta intencionalmente con uno de los vidrios, borrando así la cara de la figura. Dice a Federico delicadamente:

"mi sangre es quien os lo borra,
no olvidéis el vaticinio."

Pero Laura insiste en contar a la Reina lo que pasa, y ésta la riñe diciéndola que ella es la atrevida al contarlo y no Federico.

---

*Jornada* 3.ª

Los caballeros, con vistosos disfraces, salen a patinar sobre el hielo ante el Palacio; Beltrán les conoce uno a uno, y de todos obtiene dádivas para que no les descubra.—Entretanto las Damas salen a los balcones de Palacio, y en el del medio están la Reina y Leonor. (Pimentel, vestido de la Amaranta, recibe una carta, que la Reina le da para D. Luis de Haro).—Mientras bajan las Damas disfrazadas, Leonor ha quitado disimuladamente un lazo a la Reina y lo tira al hielo: van a cogerlo a la vez Carlos y Holsteim, y llegan a desafiarse por él. En tanto, Ricardo y Othon (sus ayudantes respectivos), les enteran de los disfraces de Leonor y de la Reina.—Sale ésta con sus damas, danzando, y entre ellas Federico, Ricardo, Othon y otros. Vánse luego a los trineos; pero Carlos y Holsteim siguen luchando por la cinta; se descubren el rostro para saber con quién lucha quién, y convienen en dejar el lance, haciendo árbitro a Federico, a quien entregan el lazo (¡de su amada Reina!) Al enterarse Pimentel, quiere castigar en Federico lo que había hecho en su Palacio con Beltrán, pero Federico huye llevándose la cinta.—Leonor al ver a Carlos le dice cómo ha luchado por una cinta de la Reina, y éste la contesta que sólo ama a la Reina por heredar su trono. Cristina, que oyó lo último, rechaza y despide a los dos juntamente; pero se esconde al sentir que llegan Federico y Laura. Dícele aquél que ama "a Cristina, no a la Reina", y Cristina, al oirlo, acepta su amor, perdiendo Laura sus ilusiones en aras de la fidelidad que debe a su Señora. Se retiran al llegar Carlos, que quiere verse a solas con Federico, puesto que no entregó la cinta ni a él ni al Duque de Holsteim.—En una pieza, con ventana al jardín, entre jazmines, entran los dos; y Carlos, después de cerrar con llave la puerta, coloca la llave sobre el borde de la ventana: le dice que si le mata Federico abra la puerta, y puede huir en un caballo que está esperándole, provisto de dinero.—Prométele Federico (para evitar su enojo) que entregará la cinta a su dueña la Reina, pero es en vano; Carlos ha sacado ya la espada; saca Federico la suya, no para esgrimirla contra su Príncipe, sino para recordarle las victorias que le ganó con ella; y para no dar lugar a la cólera y no serle traidor, rompe la espada en su presencia y se limita a parar los golpes de la contraria con el bastón de que Carlos se ha desprendido:

"y assí, si aveis de matarme
que estoy indefenso sepan,
y que con la sangre mía
manchásteis la sangre vuestra."

Grita entonces Beltrán, que les miraba oculto entre los jazmines, por la reja, y que ha cogido la llave. Entran la Reina y todos en la pieza; y Federico, arrodillado ante Cristina, la da el lazo, y el bastón a Carlos.—Entonces la Reina deja a Carlos el codiciado reino y le da la mano de Leonor; pero, pues, no la quiso como Cristina, ofrece su mano a Federico, y se va por el mundo con él, después de hacerle Gran Maestre de la Amaranta.

---

RAPTO DE ELIAS (EL)

V.

Vengador de los cielos y Rapto de Elías (El).

---

REINA CRISTINA (LA)

V.

Quién es quien premia al Amor.

---

RESTARAUCION DE BUDA (LA)

(Loa para la Comedia.)

---

Impresa en "Poesías cómicas" de 1722, t. I, página 111; y con la comedia en las ediciones de ella.

*Argumento.*

"Fiesta Real que se representó a sus | Magestades en el Coliseo del Buen-Retiro, en celebri- | dad del augusto nombre del señor Emperador Leopoldo | Primero, el día quince de noviembre del año | passado de 1686."

(Pintada en una cortina la síntesis de la obra.)

El *Año,* en carro adornado, del que tiran como corceles las cuatro estaciones, va a cantar los años del Príncipe.—Cambiada la decoración aparece el templo de la Fama con las estatuas de los Emperadores del mundo representando a las naciones y las edades de oro, plata y hierro. Hay coros de Damas y héroes armados.—Desde el alto baja Julio César sujetando un águila y representa la Era del César, que computa los años de Leopoldo; todos vienen a celebrarlos. El Imperio otomano llora, rindiéndose a la Era cesárea. Queda solamente esta Era de César para contar los años de Leopoldo, celebrándolos con la comedia, que será "*la victoria de Buda*".

---

## RESTAURACION DE BUDA (LA)

(Gran comedia.)

Se conoce con los nombres de "*El Sitio de Buda*" y de "*El Invicto Luis de Baden y primer triunfo del Austria*".—El título más conocido es el que encabeza, y cree Barrera fué el primero que recibió la comedia.—El segundo que se indica aparece en un documento de la Reina (que puede verse en la "Biografía").—El tercero es el que lleva el ms.

ms. 15.977 de la B. N.
E. ¡Viva la otomana luna!
A. y el primer triunfo del Austria.
61 hojas, 4.°, l. del siglo XVIII, holandesa.
(Ms. de la B. M.—Censuras de 1774.)

---

Edición rara, en 4.°, Madrid.—Antonio Román, 1686. Con dedicatoria de Bances a la Reina madre.

Otra sin lugar ni año.—[Madrid?] Sebastián de Armendariz.—Siglo XVII, 4.°

En "Poesías cómicas", de 1722, t. I, pág. 118.

---

(Se estrenó en el Saloncete del Buen Retiro, a los años del emperador, el 15 de noviembre de 1686, por las compañías de López y Mosquera como se pone en otro lugar. En el Coliseo del mismo Buen Retiro, se puso al pueblo, desde el 19 de noviembre, varios días.)

---

"La Gran | Comedia | de la Restauración | de Buda. | Fiesta que se hizo a sus Magestades, al Augusto | nombre del Señor Emperador en el Real Palacio del Buen Retiro."

(Ed. 1686.)

---

*Argumento.*

---

(3 jornadas y 25 personajes.)

---

*Jornada* 1.ª

Los turcos en alegres danzas se preparan para derrotar a los cristianos en la capital de Hungría. *Zara* anima a su esposo *Abdí* (Bajá de Buda), cuando *Amurates* (súbdito del Bajá) viene a contarle el sitio de Buda por los cristianos, que acaban ya de tomar a Pest. Trae Amurates como prisionero cristiano al espía *Uberto*, que da cuenta del número de los sitiadores.—Incendiados los bosques por los cristianos, salen sus generales: el elector de *Baviera* expone el plan de asalto, y el *Duque de Lorena* refiere (en largo romance) la historia y situación de la ciudad.

(Mutación). En Regio Salón está el *Gran Visir*, comentando con *Mehemet* (viejo turco) el peligro de Buda, y quiere enterarse de la verdad de lo que ocurre.—Hay terremoto, y elevados ambos, aparece una tienda de campaña en la que está Lorena; vense después *Saboya*, el *Duque de Béjar*, *Villena*, el *Marqués de Valero*, y *D. Gaspar de Zúñiga*, todos muy bizarros: son los sitiadores.—Desaparecido esto, se ve el gabinete de la esposa de Tekelí (en Mongatz de Hungría); y mientras danzan los húngaros ante ella, cae una bomba que enciende la estancia; todo desaparece entre el humo.—Por fin, ven el puerto de Navarín, acosado por la armada veneciana.—Todo se desvanece en medio de música y estampidos; mientras el Visir promete acudir en socorro de Buda.

---

*Jornada 2.ª*

Por el hueco de una muralla se ve el interior de la ciudad sitiada. El *Conde de Sereni* no puede conseguir que sus bávaros la asalten, por el mortífero fuego del enemigo; pero se ofrece a guardar el puesto el Duque de Béjar con cuarenta voluntarios.—*Ibrahim* y los turcos salen persiguiendo a los cristianos, y sólo encuentran al gracioso *Pierres* borracho.—Béjar recibe muchas balas, pero sigue en la brecha con sus españoles, entre la admiración de todos; he aquí su hermosísima aspiración:

"O quién tan dichoso
Fuera, que lograr pudiesse
morir por la Fé! que sólo
este deseo vehemente,
este anhelo, y estas ansias,

y no vanidad, me impelen
al mayor peligro, donde
he de morir, o he de verte,
Buda, coronar de Cruzes
tus torres y capiteles"

(Mutación.) Por el jardín imperial salen de noche Amurates y Uberto (que está al cuidado del jardín del Bajá); Amurates, deseoso de ver a su amada *Xarifa* (dama de Zara), promete libertar al cautivo Uberto si le conduce a verla.—Cuenta Xarifa a su amante cómo el Bajá la desposó con Ibrahim, y cómo ella y Zara deben salir al día siguiente (con todos los niños y mujeres) de la ciudad; al querer Amurates llevarla de noche (y pasarse con ella al campo cristiano) se ve sorprendido por Ibrahim, con el que lucha y al que deja en tierra por muerto; salen Zara, el Bajá y turcos con luces, pero ya Amurates y Uberto han huído.—El Bajá recibe una protesta de los genízaros por haber mandado que salgan de Buda sus madres y hermanos, a la vez que no corta la guerra; les da su anillo para calmarles; pero no accede a las súplicas de Zara (que le pide lo mismo), y ésta al verse lanzada también de la ciudad, le maldice, deseando muera a manos de los cristianos.

(Mutación). Los sitiadores están ya en la primera línea. *Luis de Baden* ha sabido por Amurates las discordias de los turcos, el sitio donde han puesto minas de pólvora, y el edicto de expulsión de mujeres y niños (por las barcas del Danubio). El de Béjar se compromete a entrar el primero en el asalto; Baden va con los suyos, también. Los turcos, al mando del Bajá, coronaban la muralla, y volaron varias minas en el horroroso asalto; casi todos mueren, pero al llegar los de Béjar, éste cae herido y aun les alienta desde el suelo. Consternados todos, el de Lorena les hace retirarse.

---

*Jornada* 3.ª

*Fatima* y *Zelima* (criadas músicas) están cantando triunfos del Austria; Lorena las hace callar, puesto que aún la ciudad está sitiada; pero Zara y Xarifa los cantan también, por lo bien que las tratan los cristianos.

Después de cuatro horas de asalto, llegan victoriosos los sitiadores; los españoles vienen de luto por Béjar; Valero trae un estandarte, cogido a los turcos (que enviará a Madrid a la capilla de la Soledad).—Todos narran la victoria, y la heroica muerte de Béjar (con el crucifijo en una mano y la pistola en la otra).—*Creus* con Uberto (de intérprete) va a parlamentar con el Bajá.—Ibrahim, no muerto sino herido, viene entre los rehenes, y al notar los amores de Xarifa con Amurates lucha con éste; los generales le hacen prender, ya que le conceden la vida.—(Mutación.) En el interior de Buda, reducido a escombros, Creus y el Bajá parlamentan en vano.—En un bosque el Gran Visir (con turcos) increpa a Mehemet (con otros) porque se dejó vencer de los cristianos; ya llegan éstos hasta la vanguardia enemiga, y el Visir promete vengarse.

(Mutación.) Desde el exterior del muro, que tiene enorme brecha, se da el toque de llamada al Bajá. Contesta que antes morir que rendirse: y entre los gritos de "O a Buda o al cielo" van a asaltar la brecha los generales y soldados: ciérrase el muro, pero le escalan, y matan al Bajá (que muere con valor).—Con gran consideración tratan a los rendidos.—Un soldado esgrime un estandarte, gritando "Buda por el Cesar nuestro", mientras Amurates y Xarifa piden el bautismo y el matrimonio.

---

(Conviene no confundir esta comedia y su loa, que son de Bances, con otras piezas de análogo título, pero de otros autores.

D. Pedro Lanini escribió *loa y auto* de "*El Sitio de Buda*", como puede verse en los mss. 16.631 y 14.840, fol. 319 de la B. N.

El ms. 17.127 de la misma, contiene "*La Toma de Buda*" (2 de septiembre de 1686), auto, con loa, entremés y mojiganga, dedicados a S. M. por D. Juan Montenegro y Neira.—Es de 1687, como la de Bances.

Según Paz y Melia, en su Catálogo, hay otra del mismo título, inédita, de Vidal Salvador, como afirma Durán.)

---

SAN BERNARDO ABAD

(Comedia escrita con Hoz y Mota).

ms. 16.001 de la B. N.
E. Basta fortuna, ya, tantas desdichas.
A. la pluma que os la dedica.
52 hojas, 4.°, l. de fines del siglo XVII, holandesa.
Otro ms. 16.608.—(En él las jornadas 2.ª y 3.ª van de distinta mano que la 1.ª)
57 hojas, l. del siglo XVII.—(Osuna.)

Impresa en "Poesías cómicas" de 1722, t. II, pág. 389.

(Parece indiscutible que la 1.ª jornada es toda de Bances. La duda está en las 2.ª y 3.ª Fr. Pablo Yáñez de Avilés, aprobante de las poesías, dice que sólo escribió Bances la 1.ª jornada, y Hoz las dos restantes. En esto se funda únicamente La Barrera. En el Prólogo, ya conocido, del t. I de "Poesías cómicas" se lee:

"La Comedia de S. Bernardo la dexó el autor *sin la tercer jornada,* la que compuso D. Juan de la Hoz Mota, para que se representase en los Theatros de Madrid, y esta es la primera vez, que sin ser hurto, es acierto entrarse tal hoz en mies agena".

Probablemente tendrá razón el prologuista, más enterado tal vez que el solamente encargado de aprobar el libro, aunque este se escude con la opinión del corrector de la comedia Dr. Juan de las Hevas.)

*Argumento.*

---

"De D. Francisco Bances Candamo | las dos primeras jornadas; y la tercera de Don | Juan de la Hoz Mota"

---

(17 personajes, ángeles, pastores y soldados. 3 jornadas.)

---

*Jornada* 1.ª

El *Duque de Aquitania* va por un monte con *Anselmo*, escuchando la canción de *Margarita* (prisionera por el Duque en su castillo); y desencadenada una tempestad, llegan a una gruta donde hay gente y muchos instrumentos matemáticos. Está en ella el mágico *Guidón*, y va a enseñar al Duque algunas cosas. El Duque pregunta lo que ocurre en Roma, sitiada por el Emperador Lotario y por los partidarios del papa Inocencio, entre los que está S. Bernardo.

(Mutación.) Aparece el Papa *Inocencio* en su trono, y a sus pies el emperador *Lotario;* junto a él *S. Bernardo,* y *Gaufredo,* monjes del Císter.—Ha quedado reducido el antipapa Anacleto (a quien el de Aquitania apoya) y se dispone Lotario, a ruegos del Abad, a emprender la Cruzada a los Santos Lugares.

Margarita y *Laura* oyen músicas y llega el Duque. Está triste Margarita en la prisión.—Entran Guidón y Anselmo.

Al poco tiempo se presenta un soldado trayendo presos a *Leonor* y a *Gerardo,* por reconocer al papa Inocencio.—Gerardo es hermano de S. Bernardo, primo del Duque; éste le abraza, aunque aborrece a S. Bernardo.—Leonor, de excepcional belleza, es presentada como prima de Gerardo.—Ponderan todos a S. Bernardo, y por alabarlo Anselmo, vase de la casa a ejercer oficio de cochero. Sale luego dirigiendo un coche en el que van S. Bernardo y Gaufredo.—Al ponerse en camino, se rompe una rueda; S. Bernardo hace que el demonio (que es quien le pone obstáculos en el viaje) gire llenando el hueco que falta a la rueda, y anda el coche.

---

*Jornada 2.ª*

San Bernardo tiene la revelación de que el papa Inocencio ha sido arrojado de Roma por el antipapa; y al detenerse a escribir consolando al pontífice, Guidon hace que se nuble el sol y haya gran tormenta; pero el Santo invoca el apoyo divino, y baja un ángel inundando de rayos de sol la escena. Siguen a pie a la ciudad de Poitiers (en cuya puerta está una preciosa imagen de la Virgen) a donde va S. Bernardo a ver al Duque Guillermo.—La Virgen le habla, y entre dos ángeles es elevado S. Bernardo, trocando un árbol próximo en fuente. Todo el pueblo sale a recibirle.

Por otra parte Guillermo y Guidon, recelosos, comentan los triunfos del antipapa Anacleto.—Aparecen Levina y Leonor. Al intentar Guillermo enamorar a ésta y tomarle la mano, salen Gerardo y Margarita, quejosos ambos de tal acción, y Gerardo saca la espada. Pero Guidon finge que llega un enviado de Bretaña con un pliego en que se dice que prenda a Gerardo por traer robada a Leonor. Mándale preso a la Gruta encantada, en tanto entra el pueblo vitoreando a S. Bernardo, a quien Guillermo amenaza de muerte.

En el convento se festeja la Nochebuena, siendo hermosa contraposición la rusticidad devota de Anselmo y la santa sencillez de S. Bernardo. Hay varios villancicos; canta el ángel:

"Gloria a Dios en las alturas
por siglos eternos,
y paz al hombre en la tierra
el eco repita, que inspira en mi aliento
sonoro el clarín
al vago confín
de la esfera del viento".

Cantan los pastores:

"Corred pastorcillos,
Venid zagalejos
Y al Niño veamos,
Y a Dios adoremos.
Y en confuso estruendo
Tamboril, castañetas y gaita,
Sonajas y flautas le formen cortejo".

---

*Jornada* 3.ª

(Es de Hoz).—Por los ruegos del Santo, a quien la Virgen conforta con néctar de su pecho, se convierte Guillermo y entra agustino. También Gerardo, Anselmo, Leonor y Levina entran en religión. Margarita es devuelta a su esposo Enrique.

---

(Sin descender a la trama, he de consignar la influencia mitológica, tan oculta como en lo de la rueda del coche formada por el demonio, que recuerda el mito de Ixion.)

---

## SANGRE, VALOR Y FORTUNA.

(Gran comedia.)

---

ms. 16.996.—de la B. N.

E. *Infanta.*
Con la fatiga de la caza errante,
A. perdonad sus muchos hierros.

34 hojas, 4.°, l. de fines del siglo XVII, holandesa.
Al fin dice: "De D. Juan Francisco de Cubera, tesorero de la Ilustrisima ziudad de Balladolid".
(Osuna).—Es copia.

Colocada por Barrera y por Paz entre las impresas sueltas, pues en efecto no se imprimió en la edición de 1722.

---

No conozco ninguna edición de esta comedia, lo que me induce a creer que es inédita, no obstante la opinión de los críticos citados.

---

*Argumento.*

---

(12 personajes y 3 jornadas.)

---

La infanta *Margarita* llega de caza a un bosque frondoso. He aquí el comienzo:

"Con la fatiga de la caza errante
bajo por la maleça de ese adlante
ceñido de nublados
si diamante de riscos empinados
a esta sonora fuente
fujitiba culebra transparente
que de perlas y aljófares risueña
labra las faldas de esta inculta peña
cuya gala brillante se dilata
siendo del bosque relumbrón de plata
menospreciando altiva "

..........................................

Y llega el villano *Belisardo,* que cuenta a la infanta la lucha que cuerpo a cuerpo ha tenido con un oso que venía hacia ella. Ama Belisardo a Margarita, y cuenta al villano *Pepino* este desproporcionado amor. Pepino refiere a Belisardo que también él dejó tuerto a otro oso.

El príncipe *Benzislao* viene (como embajador de sí mismo) a ver al *Rey de Polonia* y a su hija Margarita, cuya belleza adora en un retrato. Se oculta para verlos y escucharlos, pues ya se acercan.—Salen el Rey, el príncipe *Ludobico,* la infanta, *Rosaura* (duquesa), *Flora* (criada) y acompañamiento. El Rey muestra a Margarita una carta del de Dinamarca (Benzislao), en que concierta sus bodas con ella. Margarita duélese de sus amores por el villano Belisardo, a la vez que está ya prometida a Benzislao de Dinamarca.

Belisardo, con Pepino, se acerca al palacio para contentarse sólo con ver a la infanta. Suéltase un león, y todos salen a defender a Margarita (que iba a caer en sus garras); cuando Benzislao iba a socorrerla, ya Belisardo sale con la daga ensangrentada habiendo dado muerte a la fiera. El Rey le pregunta quién es, y Belisardo contesta que un villano ejercitado en luchar con las fieras en los montes, que se ha encontrado con el león en los jardines reales, cuando venía a ver las fiestas en honor de la infanta.

Benzislao, que había oído a Margarita comentar sus amores con el villano, aumenta en sus celos.

---

*Jornada* 2.ª

Llega Belisardo a contar a la infanta cómo viene huído por haber dado muerte en un torneo a Carlos, privado del Rey.

(Aparte de versos de Calderón, tiene figuras como la derivación:

"el que adora y no alcanza
desesperar, espere, en su esperanza";

e hipérboles como la siguiente, al describir el escudo del contrincante:

"seis frisones briosos y seguros
tan negros todos, todos tan oscuros
que con ser quando entraron en alarde
solo las tres y media de la tarde
faltando mucho día
todo el bulgo creyó que anochecía.")

La infanta promete ampararle, y le oculta en el jardín, mientras llega el príncipe su hermano, que tiene pasión por Rosaura.

(Véanse las siguientes figuras, al contar el amor por Rosaura:

"es pena y pasa a dolor,
es dolor y sube a caos,
es caos y se alienta en fuego,
es fuego y se anima en rrayo;
y en confusión tan dudosa
ya triste ya temerario
callo este incendio al decirlo,
digo este incendio al callarlo".)

Queda sola la infanta, y al pasar Pepino, ella le recuerda y le pregunta qué hacía en la aldea Belisardo; contéstala que galantear a todas las mujeres, y que en la corte ama a una de elevada posición, y anda por ella

"rríjido, fúnebre y órrido,
tímido, lúgubre y trájico"

y la dedicó un soneto que trae y lee la infanta. Como va dedicado a Celia, la infanta lo rompe, y queda entristecida, oyendo músicas al anochecer.

Es de noche: Belisardo recorre el jardín y al sentir pasos se retira; son del Príncipe, que busca la puerta para ver a Rosaura: al ir a probar la llave, sale Benzislao que quiere ver a la infanta. Créense contrincantes, y luchan, muriendo el Príncipe; sale el Rey, y al poco tiempo Belisardo en ayuda. Pero el Rey cree que Belisardo es el autor del crimen, y manda que le lleven a una prisión; con lo cual queda doblemente triste Margarita: ha perdido a su hermano y se ve privada de su amante.

---

*Jornada* 3.ª

Escribe a la infanta el encadenado Belisardo preso en la torre, y se ha dormido escribiendo. La infanta entra con máscara y le oye soñar con ella, y lee el papel que la dirigía. Por fin (descubierta la infanta), despierta Belisardo y la ve. La infanta le da una llave para que baje a donde ella le espera con un caballo. Vase de la prisión, y luego sale el gracioso Pepino hablando de que le van a llevar a él a la horca.

Cuando Benzislado habla al Rey de que debe dar pronto muerte a Belisardo, recibe el soberano una carta en que el pueblo pide la libertad para el preso, y si no amenaza con sublevación. Entra a audiencia *Leonido,* padre de Belisardo, y cuenta al Rey quién es su supuesto hijo: hermano de Benzislao, e hijo, como él, de la reina de Dinamarca, que le entregó de niño a su cuidado en unas luchas políticas. Reconócele Benzislao y confiesa su culpa y la inocencia de su hermano. Va con el Rey a la prisión, y allí está Margarita que va a darle la mano; al ir a impedirlo el Rey le detiene Benzislao, y cuenta éste en largo romance toda la historia (que el testamento de su madre confirma). Se casa Margarita con Belisardo, Rosaura con Benzislao, obtiene Pepino un empleo en la corte,

"Y aquí la comedia acaba
perdonad sus muchos yerros".

---

## SASTRE DEL CAMPILLO (EL)

(Comedia famosa.)

"¿Duelos de Amor y de celos?"

---

ms. 16.988 de la B. N.

E. *Alfonso.*

¡Ay de mí!

*Todos.* ¡Traición, Traición!

A. en el sastre del campillo
duelos de honor y de celos.

44 hojas, 4.°, l. de fines del siglo XVII holandesa (Osuna).

Otro ms. 16.429.

46 hojas, l, del siglo XVIII (Osuna).

Contenida en el t. 23 de "Jardín ameno de varias y hermosas flores".

Idem en el t. 49 de la "Biblioteca de AA. españoles de Rivadeneyra, pág. 349.

Idem en el t. 30 de "Comedias escogidas" (1826-34).

---

Ortega, t. I, Madrid, 1832, 8.º

En "Poesías cómicas" de 1722, t. II, pág. 230.

Edición sin año ni lugar. 20 hojas, 4.º (La B. N. posee un ejemplar que fué de Gayangos).

Valencia, 1765. Vda. de Joseph de Orga. 17 hojas, 4.º (También procede de Gayangos el ejemplar de la B. N.)

---

(Dice Durán que hay otra de Lope con el mismo título; pero tal vez sea, no la de Lope, sino la de don Luis de Belmonte Bermúdez que se insertó entre las de Lope.)

---

*Argumento.*

---

(14 personajes, soldados y músicos. 3 jornadas.)

---

*Jornada* 1.ª

Cuando el *Rey de León* venía a hacerse tutor del niño rey de Castilla *Alfonso, Nuño Almengir* le lleva en su caballo, y se echa la culpa de haberle sacado de su ejército a D. *Manrique de Lara.* Este va a casarse con doña *Blanca* (hermana del Condestable) y viene a ella huyendo, y ante ella cae del caballo. Al poco tiempo vienen en su busca el Rey, *Fortún* y el *Condestable.* Cuando huye oculto con su criado *Martín* halla moribundo a *Juan Prieto* que dice es su hermano bastardo y muere; Manrique se cambia sus vestidos por los del muerto (que se le parecía mucho). Salen en su busca los de antes, y reconocen muerto a D. Manrique (tiene ensangrentado el rostro). Se presenta a caballo *doña Elvira Manrique* (hermana de éste) y dice al Rey que su hermano era el nombrado tutor de Alfonso, y hacía bien en llevárselo; tiene galanteos con el Condestable. *Manrique* (como sastre), mantiene conversación con *Casilda* (que era la novia del muerto): llegan a ellos *Gil Polo* y otro Villano (que son los que mataron al Sastre) y vuelven a acometerle creyendo se hizo el muerto; pero huyen al ver llegar la comitiva del Rey de León, con la que se encuentra doña Blanca y las damas. Al verse los amantes, quieren reconocerse, y el Rey se prenda de la hermosura de la hermana del Condestable (doña Blanca). El Rey va a descansar en la finca de esta dama.

---

*Jornada* 2.ª

(Cuando habla de horca, dice frases como esta:

"y de inflamación de esparto
tendremos un garrotillo.")

Casilda insiste en su amor por Manrique, y le pide un abrazo. Este, para quitarla de en medio, se lo da, y en ese momento sale Blanca (que va a quejarse; pero se retrae, dudando sea Manrique); se lo cuenta éste todo, en el momento que sale el Rey; y no sabiendo qué decir, le declara Manrique ser el sastre que viene a hacer un vestido a Blanca; se esconde para oir lo que habla con el Rey. Al ir éste a cogerla de la mano, entra Manrique y la toma él, diciendo que es una medida que le faltó en el vestido; sale así estorbando al Rey varias veces. Sale el Condestable con soldados, y Blanca cuéntale que el sastre está loco, y que el Rey salió porque ella daba gritos por el pobre loco que la seguía; el Rey manda que le lleven fuera al loco. Doña Elvira habla con D. Nuño Almengir, que en San Esteban de Gormaz, tiene como hijo a Alfonso, Rey de Castilla. Llegan Manrique y Martín (criado); y detrás Blanca. Al requebrar a Manrique, sale Casilda, pero también es despreciada. Salen el Alcalde del Campillo con villanos, y Fortún con soldados. Lucha con ellos Manrique, y el Rey quiere que le ahorquen; pero movido a los ruegos de Blanca y de Casilda, le perdona, y quiere casarle con esta última: él se resiste, y entre tanto llegan ya los castellanos en contra de los leoneses.

---

*Jornada* 3.ª

Manrique y su criado Martín llegan a los muros de Gormaz de noche; después llegan a la puerta el Condestable y los leoneses.—Elvira desprecia al Condestable y quiere batirse con él porque injurió a Manrique su hermano).—Este habla con Blanca; el Rey oye que Blanca habla con un *villano* y le llama "Manrique". El Rey sale con el Alcalde y otros muchos, y ordena la prisión de Manrique; pero antes debe éste batirse.—Casilda, en vista que su amado no es Juan, sino Manrique, muestra su amor a Martín.—Ante el Rey se hace el duelo; al ir a presentarse Elvira, diciendo que es Manrique de Lara, su hermano no la permite; pero ella insiste en que su hermano ha muerto, y debe batirse en su defensa. Por otra parte, Blanca (al saber que se bate Elvira) toma la defensa de su hermano el Condestable. Luchan todos, mientras llega Alfonso con los suyos,—Reconócese la hidalguía de los Manriques, y se casan Manrique y Blanca, el Condestable y Elvira; Martín y Casilda.

---

## SITIO Y MASCARAS DE AMIENS (EL)

V.

Por su Rey y por su dama.

---

## TOMA DE AMIENS (LA)

V.

Por su Rey y por su dama.

## TRIUNFO DE TOMIRIS (EL)

V.

¿Cuál es afecto mayor, lealtad o sangre o amor?

---

## VENGADOR DE LOS CIELOS Y RAPTO DE ELIAS (EL)

(Comedia famosa.)

---

ms. 16.745 de la B. N.
E. ¡Viva nuestro Rey Achab!
A. el vengador de los cielos.
48 hojas, 4.° l. del siglo XVIII, holandesa.—(Osuna.)

---

Impresa en "Poesías cómicas" de 1722, t. I, pág. 488. Barcelona. Sin año. | El Vencedor y rapto de ellas" (sic) | Juan Centené y Juan Serra. 16 hojas, 4.° (La B. N. posee un ejemplar en rústica, con sello de Gayangos.)

---

*Argumento.*

---

(14 personajes y 3 jornadas.)

---

*Jornada* 1.ª

Al son de clarines y cajas sale el rey de Israel *Achab,* con el capitán *Antenor* y los profetas de Bahal *Nacor* y *Eliud.* Estos y la reina *Jezabel* han conseguido que el rey haga sacrificios al falso dios, y dé orden de matar a los verdaderos profetas. *Abdías* (amante de *Sara*) les increpa, y dice que *Elías* se escapa de sus iras, y en vano le buscarán en las cuevas del Carmelo.

Daba Achab un banquete, al que asistía un *Amorreo* (gracioso); y entre la admiración de todos, bajaron al plato de éste dos cuervos, que le arrebataron el pan y las viandas.

(Mutación.) Elías está a la puerta de una cueva, y ve bajar un ángel (que canta), y los cuervos a sus lados trayéndole la comida:

"pues Dios ha ordenado
que se humanen las fieras,
quando los hombres
son inhumanos".

No lloverá hasta que Israel se convierta; y en efecto, al ir Elías a beber en el arroyo, éste se seca. El ángel le manda ir a Sarepta, donde una viuda le alimentará.

En aquella región cogía leña, en un monte, la viuda, madre de *Jonás* (enfermo), que solamente tiene un poco de aceite y un puñado de harina. El profeta prométela ese alimento hasta que llueva.

Enviados por Achab, venían el Amorreo, y luego Abdías, a buscar agua para los caballos. Halla Abdías al profeta Eliseo, a quien no conoce. Tampoco Elías le conoce, y sin embargo le llama padre y le abraza (luce aquí el poeta sus conocimientos hebraicos). Elías cura, por permisión de Dios, a Jonás que había muerto, y en adelante le seguirá siempre. Increpa al rey y a los suyos y les reta a un sacrificio de reses en el Carmelo; al que baje fuego del cielo, le asiste el verdadero Dios.

---

*Jornada 2.ª*

Nacor y Eliud celebran en un monte un sacrificio; Elías y Jonás, otro en la vecina cumbre; ambos en presencia del pueblo de Israel, con su rey Achab al frente. Baja fuego sobre el sacrificio de Elías y Jonás, a cuyo prodigio todos se convierten, menos la reina Jezabel, y los falsos profetas, que mueren perseguidos por Elías y los demás.—Ya los arroyos corren, pues sobre el Carmelo apareció una nubecilla que trae las aguas (símbolo de María que ha de producir al Justo).

Achab prepara la carroza para ir a Jezrrael, porque comienzan torrenciales lluvias, y

"con violento
ardor infestan copiosos,
en cometas luminosos,
áspides de fuego el viento".

Queda prelado del Carmelo Eliseo; en tanto que huye Elías, perseguido por la irritada Jezabel. Recibe un cáliz y pan del cielo, y al ir a caer prisionero de sus enemigos, baja fuego y les quema.

---

*Jornada* 3.ª

Jezabel y Achab están, sin embargo, contentos, porque han dado muerte al pobre Nabot, y ya disfrutan de su pequeña viña. Entra Abdías a contarles lo ocurrido en el monte a los que perseguían a Elías; Abdías se salvó porque creyó en el Señor.

Duramente reprende Elías a los reyes por lo de Nabot, y les anuncia como castigo la muerte de su heredero el príncipe Ochozías, la de Achab y de Jezabel, cuya sangre lamerán los perros, como por su mandato hicieron con la sangre de Nabot.

En batalla contra los sirios, muere Achab, precisamente en la viña de Nabot. El ángel llama a Elías desde un carro de fuego:

"Ven a descansar Elías,
hasta que seas supremo
Precursor de Christo, quando
agonize el Vniverso".

Ya al otro lado del jordán, lamenta la reina la muerte de Ochozías; ya el pueblo de Israel aclama a Jehú, a quien Elías había ungido. Y ya, por fin, muere la infortunada Jezabel, porque Elías ha sido

"el Vengador de los Cielos".

Se casan Abdías y Sara,

...“para que acabe
la Comedia en casamiento”

(dice el Amorreo, gracioso):

“Y aquí, Senado discreto
tiene venturoso fin
el Vengador de los Cielos”.

---

(El asunto bíblico había sido llevado al teatro por Matías de los Reyes en la comedia *Vida y rapto de Elías profeta.* Calderón compuso también el *Carro del cielo* o *San Elías,* y Tirso desarrolla el mismo argumento de Bances, con idénticos pormenores, en *La mujer que manda en casa,* refiriéndose el título a Jezabel.)

---

VIRGEN DE GUADALUPE (LA)

(Comedia famosa.)

---

B. M. ms. 4.º

(Esta comedia la compuso Bances en unión de Hoz y Mota.)

Impresa en “Poesías cómicas” de 1722, t. I, pág. 283.

---

*Argumento.*

---

(16 personajes y 3 jornadas.)

---

*Jornada* 1.ª

El galán moro *Mahomed* (disfrazado de cristiano), baja con el *Demonio* sobre una serpiente a buscar el tesoro escondido en la sierra del Guadalupe, donde se oyen gritos de caza y salvas militares; pues está cazando *Alfonso XI* y ha llegado D. *Alvar Nuñez Osorio* con sus tropas (de paso a Tarifa).—Gritan *Sancho de Solís* y su criado *Rodrigo,* cayendo el primero despeñado y despedido del caballo; invocando a la Virgen es recibido en brazos de Mohamed, quien se mueve a compasión de él aunque sea cristiano.—Prendados Sancho y el moro de la zagala *Teresa,* se baten por ella; y al ruido llegan primero Alvar y luego el Rey, a quien dice Rodrigo que ambos lucharon por una alhaja que perdió Sancho y le robó el moro: manda el Rey prender a éste; pero a ruegos de Sancho le perdona.— Venía Alvar a llamar a Alfonso XI en ayuda del sitio de Tarifa por los árabes, y el monarca le promete ir con la armada portuguesa, mientras Sancho debe reclutar las levas de Extremadura. El Rey dice:

"...oy vereis
mi sangre en líquido fuego
arder: marchad a Sevilla,
que Guadalquivir ameno
dirá quien es el Onceno
Don Alonso de Castilla".

El pobre hidalgo *Gil de Cáceres* (padre de Teresa), viene por la sierra detrás de su criado *Bartolo,* en busca de una vaca que ha perdido; al hallarla muerta, culpa de ello a los duendes de la próxima cueva que guarda el tesoro.—Oye esto Mahomed, que está oculto en el follaje.— Al ir Gil a desollar la vaca hace sobre ella la cruz con el cuchillo, y la vaca se levanta sana con la cruz grabada en la piel.—Agradece Gil el favor divino, pues es tradición se guarda allí cerca una imagen de la Virgen, y pregunta:

"¿quándo será el feliz día
que destas sierras el Alva
amanezca?..."

y una voz le contesta: "Oy", mientras se abre la roca y aparece la imagen sobre un ángel con columna de fuego.—El ángel le promete a Gil ver el monte cubierto de sus ganados, saliendo de la miseria; y para señalar el sitio, deja tocando una campana, oculta hace 600 años con la estatua: se cierra el peñasco.—Gil da voces de júbilo llamando a los demás pastores, y codicioso Mahomed va a entrar en la cueva donde tocan, pero es detenido por el ángel con la espada desnuda, mientras se desencadena terrible tempestad.—Como no puede entrar por el tesoro, invoca Mahomed al Demonio; baja éste en la serpiente y le lleva a Tarifa a matar cristianos.

---

*Jornada* 2.ª

El Demonio nubla las sierras de Guadalupe para que no encuentren la codiciada imágen, pero van con luces a buscarla.—Entretanto Mahomed persigue en Cádiz a Alfonso.—Todo lo ve el Demonio, que se hunde entre los disparos de triunfo de Alfonso y los toques de la campana y cánticos de júbilo con que en la sierra celebran el hallazgo de la Virgen; pero quiere vengarse en la pobre familia de Gil de Cáceres.—Entra en su casa el Demonio disfrazado y sale al llegar Sancho a despedirse (va a Sevilla) de Teresa; a la que dice el maligno espíritu ha deshonrado; colérico Sancho, entra a matarla, por infiel; pero sin saberlo mata a *Juanico* (hijo también de Gil) que tendido descansaba en el lecho de su hermana; huye después con su criado Rodrigo; y Bartolo (amante de *Benita,* otra hija de Gil), les oye comentar la hazaña.—Teresa y su padre salen tras los criminales, mientras Benita trae muerto en sus brazos a Juanico.—El pobre padre invoca a la Virgen aparecida, y el hijo recobra la vida; mientras Teresa queda castigada en su cuarto llorando el supuesto deshonor: pide a la Virgen la fama o la muerte.

Llega a Tarifa Sancho de Solís con sus Tercios y cuenta al Rey el hallazgo prodigioso de Guadalupe.—Y mientras Mahomed lucha contra los cristianos, ven éstos en los aires a la Virgen y baja Santiago ahuyentando a los moros con sus mandobles.

*Jornada* 3.ª

Cojo y manco Rodrigo, pide limosna, mientras cuenta las victorias sobre los moros, y el cautiverio de Sancho su amo.—Bartolo (con el dinero), Benita y Teresa, salen (pues son ricos), a repartir las limosnas junto al nuevo templo de Guadalupe.—Al reconocer a Rodrigo, preguntan Teresa y su padre por Sancho de Solís.—Para que se libre del cautiverio harán un novenario a la Virgen, y recogen a Rodrigo en casa.—Llora Sancho, trabajando en un jardín moro, lamentando su crimen.—Mahomed se burla de él, y le dice que nadie podrá rescatarle para que no vea más a Teresa, y le recuerda la lucha de ambos en el monte: Sancho dice que la mató.—Creyendo Mahomed que es burla, llama al Demonio y le pregunta lo ocurrido.—Asustado Solís ante el maligno espíritu, oye la inocencia de su amada, y aumenta en su dolor.—No dice más a Sancho; pero aparte dice a Mahomed que vive Teresa, y debe excitar los celos del cautivo cristiano.—Finge Satanás la visión de Teresa dormida entre moras como enamorada de Mahomed, y éste es acometido por Sancho.—Pide Sancho la libertad a la Virgen de Guadalupe, nombre que espanta al Demonio y a Mahomed (desde que vió el prodigio de la sierra).—Atarán a Sancho con fuertes cadenas, y de noche le cerrarán en un arca, sobre la que dormirá el propio Mahomed; así la Virgen no podrá librarle.

El Rey con Alvar Núñez Osorio, rinde sus trofeos a la Virgen, en cuyo templo oran Gil, Teresa y Benita, entre la rabia del Demonio; cuando entre músicas baja Mahomed dormido sobre el arca, y sobre ellos la Virgen (que desaparece en el aire).—Tira Rodrigo la muleta, pide el bautismo Mahomed y sale del arca Sancho, que ante todos da su mano a Teresa.

---

(Hay una comedia de este mismo asunto atribuída a Cervantes.)

VISIONES (LAS)

V.

Gran Chímico del Mundo.

(Entremés para el Auto.)

---

XARRETIERA DE INGLATERRA (LA)

(Comedia famosa.)

---

*El mayor aprecio del descuido de una dama,* o también *Cuál es el mayor aprecio*

---

Parte 28 de "Jardín ameno de varias hermosas flores".

---

En el t. XI de "Comedias varias", Salamanca, Imprenta de la Sta. Cruz.—Sin año.

---

"Poesías cómicas" de 1722, t. II, pág. 49.
Sin lugar, imprenta ni año,. 18 hojas, 4.°
Madrid, 1751, Antonio Sanz, 20 hojas, 4.°
Valencia, 1771, José y Tomás de Orga, 38 pág. 4.°
Sevilla, "Quál es el mayor aprecio..." Vda. de Francisco Leefdael.—Sin año, 4.°
Barcelona.—Sin año, Francisco Suria y Burgada, impresor, calle de la Paja.—18 hojas, 4.°

---

*Argumento.*

---

(10 personajes y música, 3 jornadas.)

*Jornada* 1.ª

En una cacería la Condesa *Juana* de Salisburch pide auxilio al pintor *Enrique* de Montgomeri, el cual da muerte al jabalí y recoge en sus brazos a Juana. Esta es codiciada por el *Rey* Eduardo de Inglaterra, que premia a Enrique con una joya por la salvación de Juana.—Con el Rey va el *Duque* Norflorcia y *Ricardo*; el Duque quiere también a Juana; y *Milardi Enriqueta* (prima de ésta) tiene celos; pues Juana al que ama de veras es a su salvador Enrique, que ya está de pintor en la galería del palacio que ella posee.—Al verse Enrique competido por el Rey y el Duque, no sabe qué hacer, y se acompaña del criado *Zerbín* que se finge mudo (para hacer señas).—Enrique envía a Juana una curiosa carta con cifras de amor y pauta de señas.

Milardi Enriqueta desea ver las pinturas, con intención de que su prima no hable a solas con el pintor Enrique; pero se hacen las señas disimuladamente.—Los ve *Morgan* (criado espía de Enriqueta, que ha venido a moler colores).

El Rey y el Duque salen cada uno por su puerta y se celan; en tanto Zerbín dice por señas a Enrique que Morgan habla de él con Milardi Enriqueta. Morgan se asusta de que le reprenda Enrique.

[Nótase el influjo de Calderón, pues dicen frases como "Celos aun del ayre matan" y "Secreto a voces".]

---

*Jornada* 2.ª

*Fenisa* (criada), conoce en su ama senas de amor y las cuenta al galán Ricardo: Zerbín (mudo), le dice a su amo Enrique que no se fíe de Fenisa; y Enrique cuenta a su criado Zerbín una de las cifras que le dió para hacer combinaciones con las flores en un *ramillete hablador*: forma uno y lo da a Fenisa para que ella lo entregue a su Señora Juana; ésta riñe a Fenisa por haber contado a Ricardo que tiene amores (es lo que dice el ramillete).—Milardi Enriqueta quiere a Enrique.—El Duque y el Rey, por su parte cada uno, piden a Enrique retratos de Juana.—Sale ésta con las damas y le vuelve el ramo, con celos de Enriqueta.—El Duque pide a Enrique el retrato pintado; no se lo quiere entregar, y lucha con él. El Rey viene a buscar el retrato: le da uno mal hecho; el Rey lo rompe y prohibe que intente nuevas copias (en vista de lo perfecto del original). Se cae una liga a Juana en el baile: luchan por ella el Duque y Enrique, pero la coge el Rey y la pone al cuello (el pueblo protesta de tal ridiculez, sin saber que es el Rey quien la hace); pero Eduardo III se descubre ante el pueblo y funda la Orden de la Xarretiera, que llevará una liga al cuello con San Jorge, y el mote: "Infame es quien piensa mal".

*Jornada* 3.ª

Morgan cuenta a Fenisa los amores de Enrique (su amo), por Juana, y cómo la envía un libro de sus versos, que Fenisa quiere leer y entrega a Juana (este libro lleva dobladas algunas hojas, y en ellas punteadas algunas letras, que coordinadas dicen: Fenisa cuenta que hablas de noche con un hombre). Juana reprende a Fenisa por lo que ha dicho de su señora. Enriqueta da un reloj a Morgan, en premio de sus gestiones.

El Rey habla a Ricardo, y Zerbín comunica lo que oye a Enrique (por señas).—El Rey ha dicho a Juana que extraña pueda querer bien a quien la pinta tan mal.

Enterado Enrique de que Morgan ha dicho a Enriqueta que él es hermano de un Conde (por lo que recibió el reloj en premio) le da con la espada.

Al hablar de noche Juana con Enrique salen a escuchar el Rey, el Duque y Enriqueta.—Riñen el Duque y Ricardo (que oculto tropezó en él).—El Rey manda a los soldados que lleven a Palacio a los tres.—(Dice Morgan: "Quien da luego, da dos vezes".)

Dice muy bien el Rey, entre otras cosas:

> "Rey es, quien así se vence,
> y no el que a los otros manda",

y premia a Enrique con la misma liga que él lleva al cuello (es la de Juana), porque volverla al Dueño

"es el aprecio mayor
del descuido de una dama."

El Duque se casará con Milardi Enriqueta, y Morgan termina diciendo que (puesto que ya no hay que parlar) pide en nombre del "Ingenio"

"que le perdonéis las faltas."

---

En esta obra de Bances se nota mucho el influjo de Calderón; pues aunque el gran maestro no alude en su *Amor, honor y poder*, a la fundación de la *Jarretiera*, el asunto es muy parecido.—Comienzan ambas comedias con una cacería regia dada por *Eduardo III* de Inglaterra, en la que *Enrique* salva la vida a una dama. En Calderón es *Enrico de Salveric* y en Bances *Enrique de Montgomeri*; en Calderón, la dama es la Infanta *Flérida*, hermana del Rey, y en Bances la condesa *Juana de Salisburch*. En ambas obras hay amores y amantes celosos; en ambas se dan flores como signo de amor y en ambas hay escenas nocturnas en que el enamorado Rey sale a la escucha.

En *El Secreto a voces*, aparece la *Duquesa* de *Parma* celosa de su prima *Laura*; se juega con retratos de la dama; se dan premios de joyas al criado que indaga los amores, y se usan claves de amor (como las del pañuelo y primeras voces combinadas) que tienen semejanza con las de la comedia de Bances.

Tal vez tuvo en cuenta el autor, una novela de don Diego de Agreda y Vargas, titulada *Eduardo, Rey de Inglaterra*, publicada a principios del siglo XVII, con el mismo asunto.

## VI

# Epílogo.

## CRITICOS DE BANCES

Si a los hombres se les conoce y se les debe juzgar por sus obras, con mayor razón, porque dejan huella más cierta, se ha de juzgar y conocer a los genios; máxime si legan sus producciones a la posteridad.

Juzgado quedaría Bances, a través de mi pluma (que tal vez oscurece sus glorias) con pasar la vista sobre este trabajo mío. Pero es necesario ayudar la crítica espontánea con la autoridad de los maestros; y así, bien estará recordar los que se ocuparon de este poeta.

Como didáctico únicamente le juzgaron Gayangos en sus notas al Ticknor, y Cotarelo en la obra que cito en aquella sección. Del Bances lírico, muy pocos se ocuparon.

Su aspecto dramático es el principal, y en él fué Zugasti (1) quien primeramente le juzgó; de éste me sirvo para el extracto final. Dice entre otras cosas:

(1) D. Lucas Constantino Ortiz de Zugasti, en la Aprobación que va al frente del t. II de «Poesías cómicas»,—Madrid, 1722.

"No se sabe si es más que lo que dice, el modo con que lo dice, aunque es su decir quanto se puede saber...

La propiedad con que trata todos los assumptos haze creer, que fuesse inteligente en ellos; y que no huvo Mussa que con sus sabios influxos le fuesse esquiva.

Y si atendemos a la variedad de argumentos, lances y alegorías, a que Candamo destinaba sus ideas, y el primoroso canto que introducía, hasta en esto se reconoce quanto congeniaba con las Mussas y que podía presidirlas como otro Apolo.

El espejo, donde mejor se muestra la imagen del Hombre, es su conversación, son sus escritos (cita a Horacio). Estos dicen y dirán quién fué Candamo; y no desmienten su mucha aplicación, su erudición y viveza más acá de la mortalidad, que no ha llegado a su Fama.

Fué aplaudido de los aplaudidos y reprobado de los réprobos...

Las más vezes se vé, y es notorio, que escrivía Candamo, para la respetuosa seria expectación de los Reyes Grandes Señores, y Tribunales Supremos; desde cuya censura, que entonces era aplauso, y aora pudiera equivaler a la mejor aprobación, passaba a los populares elogios que hasta oy, y para siempre quedaron vinculados en la memoria, o noticia sola de su nombre, para suponer discreta la comedia que se le aplica.

Para dar por buenos unos versos, bastaba entre los griegos que se dixessen propios de su Theognio, o Píndaro, y de los de Candamo dicen ya lo mismo los Españoles.

Se acomodaba a la capacidad y genio de los auditorios; y esto prueba (según San Gregorio) la mayor destreza de los Autores.

No le faltaron emulaciones, que éstas siempre son centellas que contraen los luzimientos".

(Después de citar a Plutarco y tomar de Juan de Mena sigue)·

"Assí se reconoce que procedió Don Francisco Candamo, en lo mucho que vió, leyó, y entendió; y assí es todo escogido lo que livó y entrelaçó para sus versos, que son como aquellos de que decía nuestro Séneca: Quantas cosas profieren los poetas, que dixeron, debieron decir, o dirán los Philósophos!.

Coronóse, pues, de la Yedra, y Laurel, que los antiguos destinaron a los Sobresalientes ingenios...

Ambas cosas se requieren, y se conjuran para más vnirse: Estudio, y vena, Ingenio y arte. Decíalo Horacio (le cita); y lo dicen mejor las obras de Candamo".

---

Ortega acompañó a cada obra de su colección (ya citada) de 1829, un examen y juicio de ella. Los escribían D. Tomás y D. Bernardino García Suelto, D. Pedro de Gorostiza, D. Agustín Durán, D. Eugenio de Tapia y D. Manuel José Quintana; aunque de muchos de éstos se duda si eran colaboradores de Ortega, por no ir las firmas siempre.

De Bances Candamo se juzgaron las comedias: *El esclavo es grillos de oro, El duelo contra su dama, El sastre del Campillo* y *Por su Rey y por su dama.*

---

En un pesado poema sobre el "Origen, épocas y progresos del teatro español" (1) de D. José Julián de Castro, van estos versos:

"Don Francisco de Bances y Candamo,
cuyas comedias valen un tesoro
como la del Esclavo en grillos de oro".

---

(1) Madrid (1760?). García Villanueva Hugalde y Parra.—XXI.

D. Francisco Martínez de la Rosa, en el *Apéndice sobre la comedia* (1), coloca a Bances entre los dramáticos de segundo orden, y al citarle como didáctico, se limita a consignar que fué "uno de los mejores ingenios de aquel tiempo".

---

No llegó a tratar de Bances el maestro D. Alberto Lista en sus "Lecciones" (2), ni le dedicó nada de su "Ensayo" acerca del teatro español.

---

He aquí lo que D. Antonio Gil de Zárate pone en su "Manual de Literatura" (3)

> "*Don Francisco Bances Candamo.*
>
> En este autor empieza ya la decadencia de nuestro teatro, que llegó rápidamente al último extremo, hasta extinguirse del todo aquel ingenio dramático español que tanto había brillado durante siglo y medio. Era, sin embargo, Bances Candamo hombre de claro ingenio y de excelentes estudios, pero se lanzó a ojos cerrados en el sistema exageradamente culto, y todas sus comedias están escritas por el estilo de los siguientes versos": (y copia algunos.) Pone la biografía y en ella da equivocada la fecha del nacimiento, creyéndole en 1682. Después de contar las ediciones y procedencias, y nombrar el *César africano,* dice: "*El Duelo contra su dama, El Esclavo en grillos de* oro y *Por su rey y por su dama,* son las comedias de Can-

---

(1) «Obras literarias» t. II, París —Julio Didot.—1827.

(2) «Lecciones de Literatura española explicadas en el Ateneo Científico Literario y Artístico de Madrid» (en 1822) —Madrid. 1836.

(3) «Segunda parte.—Resumen histórico de la Literatura española», t. II.—Madrid, Boix, editor.—Carretas, 8, imp., 1844.—(pág. 513).

damo que más se han representado. Esta última debe agradar siempre en el teatro español, pues presenta uno de aquellos castellanos valientes" (y extracta el argumento, copiando algunos versos).

---

Ticknor (M. G.), en la "Historia de la Literatura española", traducida por Gayangos y Vedia (1854), y ya citada, dice t. II, pág. 99:

"Poco después de Solís, aunque en parte contemporáneo suyo, floreció..........................
Entre sus comedias, las que él más preciaba son las históricas (27), como son: *La Restauración de Buda* y *Por su Rey y por su dama*......
Los planes suelen ser ingeniosos, y aunque intrincados, más regulares que los que generalmente se usaban en su tiempo; pero el estilo, lleno de hinchazón y bambolla, y la falta de vida y movimiento hace que gusten poco en el teatro." (La nota 27: "Así lo dice él mismo con cierta complacencia al principio de su *César Africano*.) (La nota 36 se refiere a la obra didáctica "*Teatro de los teatros*".)

---

D. Ramón de Mesonero Romanos (en el t. 49 de Rivadeneyra), donde continúa sus "Dramáticos posteriores a Lope de Vega" (1859) (que varias veces he citado ya), dice (XVII sigs.):

"Pero a vueltas de tan ridícula jerigonza, autorizada únicamente por la imperiosa ley de la moda, el claro ingenio de Candamo, rebelándose tal vez contra aquel ominoso yugo, le hacía prorumpir en pensamientos tan elevados, en sentencias tan profundas y claramente expresadas"..................................... (trozos.)
Como se representaban ante el Rey, se aprovechaba para realzar acciones y personajes he-

roicos, y desarrollar máximas de recta moral y política. Sin lección ni adulación.

---

En el "Catálogo", tan conocido, de D. Cayetano Alberto de la Barrera y Leirado (1860), se lee en la pág. 67:

"Ocupa el malogrado Bances Candamo un distinguido lugar entre los autores de segundo orden de nuestro antiguo teatro. Sus comedias conocidas, como escritas en general para suntuosas funciones palacianas, corresponden todas al género histórico: ya de sucesos y personajes religiosos ya de los profanos, y en esta última clase las tiene de historia verdadera, fabulosa, caballeresca y mitológica. Candamo, aunque satirizó alguna vez a los poetas cultos, se dejó arrastrar de aquel estragado gusto en sus dramas y en la mayor parte de sus obras líricas. Tiene, sin embargo, escenas y pasajes escritos con el más limpio y correcto estilo".

---

He citado la "Biblioteca" de D. Eduardo González Pedroso (1865), donde se dice (VIII):

..."Bances Candamo, próximo imitador de Calderón, cuyas huellas siguieron, cada vez más de lejos, los poetas del siglo XVIII".

---

D. Marcelino Menéndez y Pelayo, hizo notar (1), aunque de paso, el influjo interno de Calderón en el poeta que me ocupa, al tratar de los autos sacramentales.

---

Adolfo Federico, Conde de Schack, en su "Historia de la literatura y del arte dramático en España" (2),

(1) «Calderón y su teatro».—Conferencia 3.ª—Madrid.—A. Pérez Dubrull, 1884 (3.ª edición)
(2) Madrid, M. Tello, 1885, t. V, págs. 243 y sigs.

traducida por D. Eduardo de Mier, aunque es de los que yerran en la fecha de muerte de Bances y en algunas apreciaciones, tiene algo de bueno en esta crítica:

"Cierra no indignamente la serie de poetas del período más floreciente del teatro español... Sus dramas, en efecto, aunque no se distinguen por sus grandes y originales bellezas reflejan, sin embargo, con brillo las de Calderón, demostrando lo que puede hacer un poeta de facultades medianas, cuando con amor y abnegación se consagra al estudio de algún célebre modelo. Casi todas las comedias de Candamo tienen mérito indudable..." (y extracta *Por su Rey y por su dama, El Duelo contra su dama* y *El Esclavo en grillos de oro.*)

---

También es conocido para el lector el nombre de don Máximo Fuertes Acevedo, que en su "Bosquejo"... (1885), aunque confundió fechas, pone atinadamente (pág. 96):

"Aparte del celebrado dramaturgo, hijo de Avilés *Bances Candamo (Francisco)*... que hacía brillar su ingenio en las Cortes de Felipe IV (1) y Carlos II, si bien cuando ya el teatro español caminaba a su decadencia"...

---

El alemán Schaeffer (Adolfo), en su "Geschichte des Spanischen Nationaldramas" (Leipzig. F. A. Brockaus, 1890), en el t. II pone, después de la biografía, en la pág. 246 y sigs., un maduro juicio de cada obra dramá tica de Bances que pudo extractar. He aquí, en resumen, la intensa labor de este crítico:

---

(1) Bances nació el 1662, y Felipe IV murió el 1665; error que no parece sólo de imprenta.

"*El esclavo en grillos de oro* (es, según él, la más conocida de sus comedias; da el argumento); filosóficamente pensada y bien conducida; bien de caracteres y lenguaje, poco gongorina. Es de las mejores dada la decadencia de la época.

*¿Cuál es afecto mayor, lealtad o sangre o amor?*, tuvo menos éxito, pues su autor la hizo al e de las antiguas comedias de capa y espadastilo

*¿Quién es quien premia al amor?* y *Más vale el hombre que el nombre,* tienen asuntos de historia moderna. Los caracteres de personajes extranjeros, permiten al brioso temperamento del poeta mostrar sus mejores dotes.

*El Austria en Jerusalén,* y sobre todo *La Restauración de Buda,* tienen mucha vida en las descripciones.

*La Jarretiera de Inglaterra,* que explica la fundación de esta orden, encierra la historia de dos amores: uno como el de *El secreto a voces,* de Calderón, en que la mímica juega papel importante. Es más molesto su gongorismo.

*Por su Rey y por su dama.* Es interesante el manejo del asunto, llevado con energía desde el comienzo hasta el fin.

*El Sastre del Campillo,* verosímilmente, es refundición de la homónima de Belmonte. Llena de vida y frescura, pero con gongorismos.

*El Duelo contra su dama* (argumento). De interés por su poética fogosidad, a pesar de su extravagancia.

*La Piedra filosofal,* es una copia desgraciada de la *Prueba de las promesas,* de Alarcón.

*La Inclinación española,* tiene una fábula interesante; pero algo extravagante y complicada. (Argumento). El lenguaje de la obra es poco agradable, muy hinchado.

*Duelos de ingenio y fortuna.* Drama novelesco, mitológico, con música y mucho aparato. El pensamiento principal es interesante.—(Argumento). El manejo no es tan bueno como el asunto.

*Cómo se curan los celos y Orlando furioso* y *Fieras de celos y amor,* son zarzuelas. La primera es, en su género, una composición excelente. La alegoría es tan poética como lógicamente llevada. *Fieras de celos y amor* es una mezcla de la fábula de Glauco y Scila con la de Accis y Galatea. Es producción en la que quedan grandes huellas de gongorismo.

*El Vengador de los cielos y rapto de Elías,* en que trata un asunto bíblico. El tono de esta comemedia es digno del asunto; y su lenguaje, enérgico y poético; sólo contaminado aisladamente con algún cultismo. Lo mismo que *La mujer que manda en casa,* de Tirso, en que igualmente se dramatiza la historia de Elías, muestra la obra poca originalidad, y tal vez haya sido tomada de la perdida y escrita por Calderón en su juventud *El Carro del cielo.*

Bances Candamo fué un genuino poeta por naturaleza. Lo bien que trata las materias, merece se le perdonen sus frecuentes extravagancias y su hinchazón. No puede negársele inventiva, aunque él, en la mayor parte de sus dramas, siguió el ejemplo de sus contemporáneos de tomar asuntos de obras antiguas. Tuvo la desgracia de nacer en mala época. Si hubiese nacido cincuenta años antes, es verosímil que hubiera hecho cosas notables".

---

Investigador notabilísimo, del cual he tomado alguna observación, es D. Emilio Cotarelo y Mori. Su obra "Bosquejo histórico del Entremés, la Loa, el Baile, la Jácara y demás piezas intermedias en el teatro del siglo XVII" (1), es verdaderamente erudita.

---

(1) Está en la «Nueva Biblioteca de autores españoles» que dirigía M. Pelayo.—Madrid, 1911; 2 vols. en 4.° Trata de los entremeses de Bances en las págs. CXIV y sigs. del t. I.

Mariscal de Gante (Jaime), dió mucha importancia al auto de *Las Mesas de la Fortuna* en su obra titulada "Los autos sacramentales desde sus orígenes hasta mediados del siglo XVIII" (1).

---

Por fin, Jaime Fitzmaurice-Kelly, no con mucho acierto, dice en la "Historia de la Literatura española" (2), después de hacer un año más viejo a *Bancés* (sic), que su "obra menos floja es, precisamente, *El esclavo en grillos de* oro, la comedia que tantos disgustos le proporcionó"

---

## JUICIO RESUMEN

Después de las autoridades aducidas poco queda al propio peculio. La época de Carlos II era de decadencia para el arte escénico. Bances, vivía, como rebuscadamente notó Zugasti (3), después que "Lope fecundó su Vega"... y "se vió navegar con propicia estrella la mejor Barca, en que D. Pedro Calderón conduxo sus comedias al feliz puerto". Esta misma decadencia del teatro hace que el suyo luzca más, sin que yo deje de reconocer la atinada observación de Schaeffer relativa a la época en que vivió Bances. Fué astro *de segunda magnitud* en todo nuestro cielo literario; pero brilló *como de primera en su tiempo*, pues tomó la decadencia sólo la época, ya que fué un calderoniano decidido.

Y esto mismo se lee en la ya citada "Aprobación": "quedose sin duda para el singular ingenio de D. Francisco Candamo, que compitió, quando empezaba, a lo

---

(1) Un tomo en 8.º—Madrid, 1911.

(2) Edición novísima en castellano. Madrid, Imp. Clásica: MCMXIII, pág. 364.—Muy poca cosa había aducido en sus «Lecciones de Literatura española», que tradujo D. Diego Mendoza y prólogo D. Rufino José Cuervo.—Madrid, Suarez; 1910; págs. 286 a 288.

(3) Loc. cit. «Aprobación».

más primoroso que escrivían aquellos grandes Príncipes de los Ingenios, y Ingenios de los Príncipes, quando acabaron". De modo que representa la herencia de Calderón en la época decadente de fines del siglo XVII, último destello del vigoroso teatro nacional que había de apagarse en la corriente afrancesada del siguiente siglo.

No tuvo el peligro que otros tuvieron después: tenía el de su época; "siguió Candamo el estilo de su tiempo"; pero no dice bien Zugasti, al creer que "adelantó en su tiempo el estilo", porque si a Calderón se le tilda de culterano, a Bances se le puede achacar, por lo menos, igual grado de culteranismo. No conviene exagerar la nota, como hace Mesonero (1), y su comentarista García (2); ni "contribuyó a falsear el carácter de la antigua comedia", ni "dejó muy atrás a los más delirantes gongoristas". Lo que ocurre con este autor, es lo que sucede a muchos, en todos los órdenes: caen en el mismo defecto que censuran en los demás. Bances tiene versos contra los poetas culteranos; y, quizá sin darse cuenta, incurrió en culteranismos no pequenos.

Su comedia predilecta era la histórica (*Restauración de Buda, Esclavo en grillos de oro, Por su Rey y por su dama*... etc...), y así lo confiesa en el poema *César Africano*. Como poeta palatino, afirmaba en el *Theatro de los theatros* que esa clase de comedias alecciona mucho a los reyes. En sus comedias hay mucha mitología, que las desvirtúa por ser impropia de la época y de casi todos los asuntos que trata. Debe advertirse que la trama suele estar bien hecha; aun cuando se hacen molestos tantos amoríos, que "terminan en casamiento" como el mismo autor sostiene en su referida obra didáctica.

La magia interviene muchas veces, casi siempre salvando la célebre unidad de lugar, para hacer ver cosas que suceden en otros puntos (*Restauración de Buda, Virgen del Guadalupe, San Bernardo abad*).

---

(1) Op. loc. cit.

(2) Continuador de la obra de D. Manuel de la Revilla; autor del tomo II, pág. 620.

Los caracteres están trazados vigorosamente. Quizá el tipo de mujer, moral siempre, es demasiado varonil y luchador (*El Duelo contra su dama, Triunfo de Tomiris*). Los tipos masculinos, aparecen llenos de virilidad y de arrogancia, cuando se trata de españoles: (*Por su rey y por su dama, La Xarretiera de Inglaterra*).

En la acción, fuera de los amores y de las tramas guerreras, están a la orden del día los desafíos.

Las formas, interna y externa, o sean estilo y lenguaje, en general son buenas.

En cuanto al primero, la narración suele ser larga, y a veces emplea el cuento. Es algo hinchado por excepción; casi siempre natural.

El lenguaje es correcto, si se exceptúan los abundantes culteranismos.

La versificación es sonora, fuera de los versos de "gaita gallega" que tal vez sean intencionados, como los de Lope en *Porfiar hasta morir*. La música le hace emplear más variedad de metros, que oscilan desde cinco a doce sílabas. La combinación es variada también, pues usa mucho el romance (algo el heroico, como en las poesía líricas), la seguidilla (a veces, ya completa, pero casi siempre sin los últimos versos), la décima calderoniana, la silva, el soneto (que varias veces presenta como declaración amorosa... etc...).

Conviene advertir el uso que hace de diálogos *en eco* (por razón de la música, seguramente), y de los versos que intercala, tomados de Calderón, Solís, Rojas. etc... Imitó nombres de comedias, de las de estos autores (1).

---

Tiene algunas ideas que merecen observación. Para Bances todo poeta es pobre y los ricos no son poetas. La letra debe ser anterior a la música.

---

(1) Por ejemplo Calderón tiene *El astrólogo fingido* y *Lances de amor y fortuna*. Bances, *El astrólogo tunante* y *Duelos de ingenio y fortuna*.

No inventó este dramaturgo muchos asuntos. Gran parte de ellos los recogió de otros anteriores. De Cervantes (*El astrólogo tunante*, y tal vez *La Vírgen de Guadalupe*), de Lope (*El Sastre del Campillo* y *El español más amante y desgraciado Macías*), de Calderón (el mismo *Astrólogo tunante, El vengador de los cielos y rapto de Elías,* muy probablemente, y algo de la *Xarretiera de Inglaterra*), de Alarcón (*La Piedra filosofal*), de Tirso (caso de no haber conocido la de Calderón), (*El Vengador de loscielos y rapto de Elías*); y él mismo dice en *Cómo se curan los celos y Orlando furioso* que tomó el asunto de Ariosto.

---

Tampoco fué Bances el inventor de la *Zarzuela* ni su introductor; fué uno de los principales cultivadores de este género (1), pero no otra cosa. La genuina ópera española, nacida en un valle del Pardo (2), como música escénica tomaba origen ya en Juan de la Encina, hasta la primera mitad del siglo XVII, en que (como coro invisible) mostraba a lo más el estado de ánimo de un personaje. Hubo luego en los intermedios *jácaras* (precursoras de las tonadillas del siglo XVIII), hasta que D. Luis Quiñones de Benavente compuso (en 1625) *El Tiempo,* primer *entremés cantado*. Con un acto más, hubiera surgido la *zarzuela* espontáneamente, a no venir el influjo de la nueva ópera italiana, con la

(1) V. la «Poética» de D. Ignacio de Luzán, 1737, libro 3.°, capítulo I.

(2) Menéndez y Pelayo.—«Calderón y su teatro».—Conferencia 7.ª—«Comedias de capa y espada».

Cotarelo y Mori, a quien sigo en esto, principalmente, en su libro *Don Ramón de la Cruz y sus obras*. (Madrid.—José Perales, 1899), pone la siguiente nota, pág. 49: «La zarzuela *(zarza* pequeña) era un lugar cercano al Real Sitio del Pardo, donde el infante D. Fernando hizo construír un palacio y un jardín, y en ellos parece que alguna vez quiso obsequiar a su hermano y cuñada con unas representaciones de carácter venatorio y con intermedios líricos que, por diferenciarse de las ordinarias, dieron en llamarse *fiestas de zarzuela*, hasta que esta denominación especial para las obras representadas en aquel Sitio se convirtió en genérica».

*Selva sin amor*, de Lope (en 1629). Pero aunque Calderón compuso alguna ópera a lo italiano (*El laurel de Apolo* en 1659 y *La púrpura de la rosa* en 1660), no se divulgó este género en España en todo el siglo XVII. Vivía, sí, nuestra típica zarzuela en que Calderón colaboró (*Eco y Narciso, Celos aun del aire matan, El golfo de las sirenas*...) y para la que tánto ecribió nuestro Bances Candamo. Todas sus comedias llevan música.

Con este breve recorrido queda rectificado el criterio de Ticknor, y de cuantos, llevados de una pasión regional excesiva e improcedente, recaban para Bances el lugar de inventor de la zarzuela.

---

Me complazco en haber hecho el estudio que tánto deseaba. He recorrido las producciones literarias de un autor importante, que tal vez para muchos literatos es poco conocido y no pasa de ser una *figura arqueológica* del ya perdido teatro nacional.

Por el número y calidad de las obras estudiadas (algunas en los originales) y por la labor que veo realizan otros en nuestra literatura, he cobrado afición a esta clase de trabajos. ¡Sería vergonzoso que los de fuera tuviesen que venir a enseñarnos lo. que tenemos en nuestras bibliotcas y archivos!

Tiempo hace que únicamente en lo nocivo imitamos a los extranjeros. Hora es de imitarles en lo conveniente, penetrando en los pórticos de nuestra antigüedad nacional, donde a la sombra de la cristiana tradición, hallamos el asilo de nuestras glorias.

AUTÓGRAFO 5.º

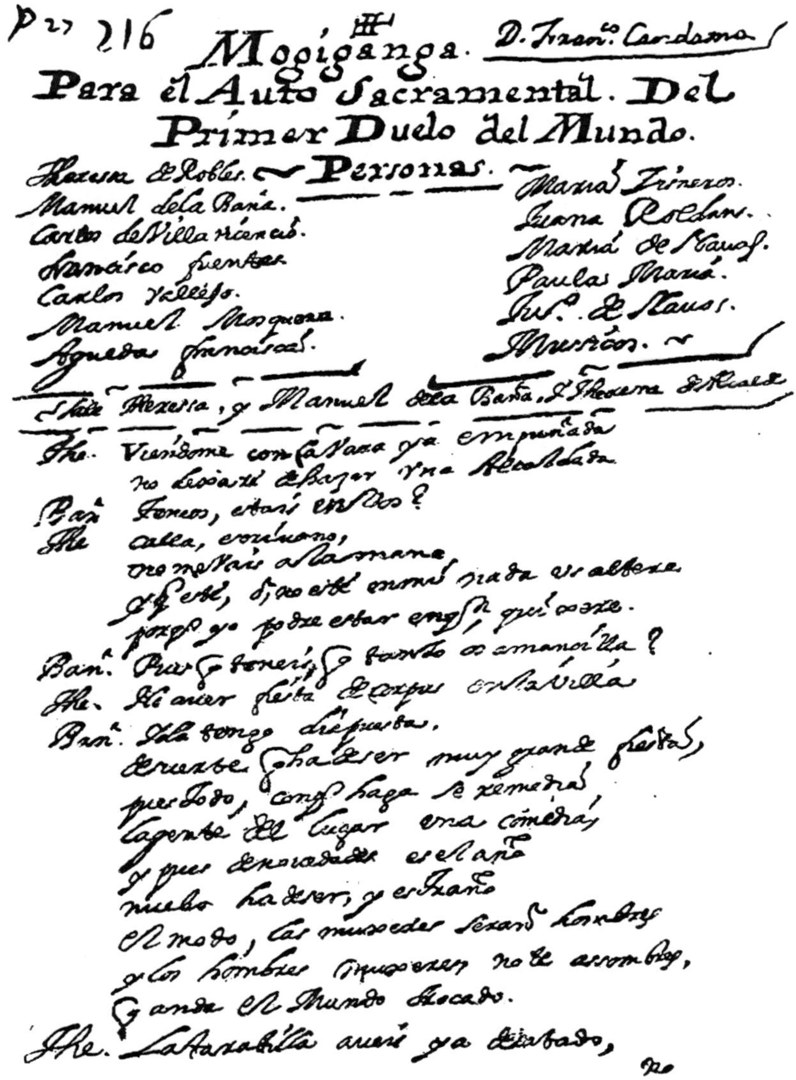
Mojiganga. D. Franco Candamo
Para el Auto Sacramental. Del
Primer Duelo del Mundo.
Personas.

De la Biblioteca Nacional.—(Sign. mss. 17.313.)—Como indica la reproducción, se trata del comienzo de la *Mojiganga* para *El Primer Duelo del Mundo*.—Confróntese con el autógrafo 1.º que se refiere a este Auto, y se apreciará la identidad caligráfica.

## APENDICE

# Las Compañías dramáticas.

He creído conveniente completar el presente estudio con las listas de las Compañías dramáticas que estrenaron las obras de Bances.

---

1686.—(Estrenaron *La Restauración de Buda* las Compañías de López y Mosquera, el 15 de noviembre, en el saloncete del Buen Retiro.)

*Compañía de Rosendo López*:

*Mujeres*: 1.ª, María de Navas; 2.ª, Agueda Francisca; 3.ª, Teresa López; 4as, Paula María y Juana Roldan. *Sobresaliente*, Antonia Garro o la Bohorques.

*Hombres*: 1.º, Agustín Manuel; 2.º, Juan Simón; 3.º, Juan de Cárdenas; 4.º, Rosendo López; *Barba*, Carlos Vallejo; 2.as, Cristóbal Gorriz; *Gracioso*, Jerónimo García; 2.º, Carlos de Villavicencio; *Vejete*, Francisco de Fuentes; *Arpista*, Carlos de Flores; *Músico* Juan de León; José Navarro y Juan de Navas (*de por medio*).

*Compañía de Manuel Mosquera*:

*Mujeres*: 1.ª, Francisca Bezón; 2.ª, María Cisneros; 3.ª, Josefa de San Miguel; 4.ª, Alfonsa Francisco; 5.ª, Manuela de la Cueva; *Sobresaliente*, Andrea de Salazar.

*Hombres*: 1.º, Damián Polope; 2.º, Manuel Francisco; 3.º, Gaspar de Olmedo; 4.º, Blas Polope; *Barba*, Manuel de Mosquera; 2.ªs, Pedro Vázquez; *Gracioso*, Matías de Castro; 2.º, Simón Aguado; *Vejete*, Juan Navarro; *De por medio*, Fernando Román; *Músico*, Juan de Sequeira; *Arpista*, Juan Bautista Chavarría.

(Las listas llevan fecha de Madrid 23 de marzo de 1686, rubricadas por la Junta.)

(Del Archivo municipal de Madrid, 2-199-4.)

---

1687.—(Se estrenó *El mayor monstruo de amor* por la Compañía de Simón Aguado el 21 de septiembre, en el saloncete; y en él coliseo del Buen Retiro el 22 de octubre.)

*Compañía de Simón Aguado*:

*Damas*: 1.ª, Francisca Bezón; 2.ª, Petronila Caballero; 3.ª, Josefa de San Miguel; 4.ª, Isabel de Castro; 5.ª, Manuela de la Cueva; *Sobresaliente*, Andrea de Salazar.

*Hombres*: 1.º, Damián Polope; 2.º, Juan Simón; 3.º, Pablo Polope; 4.º Gaspar de Olmedo; Cristóbal Gorriz; *Barbas*: Manuel Francisco; 2.ªs Juan Antonio de Guevara; *Gracioso*, Matías de Castro; Simón Aguado; Diego de Muelas; *Músico*, Juan de Sequeira; Benet (2.º *músico*)· *Arpista*, Juan Bautista.

(Del Archivo municipal de Madrid, 2-199-3.)

---

1687.—(*Duelos de Ingenio y fortuna*, se estrenó por la Compañía antes mencionada y la de

Agustín Manuel, el 9 de noviembre en el saloncete del Buen Retiro.)

*Compañía de Agustín Manuel de Castilla*:

*Damas*: 1.ª, María de Navas; 2.ª, Agueda Francisca; 3.ª, Teresa de Robles; 4.ª, Paula María; 5.ª, Juana Roldán; *Sobresaliente*

*Hombres*: 1.º, Agustín Manuel; 2.º, Bernabé Alvarez; 3.º, Juan de Cárdenas; Juan de Navas; Juan Navarro. *Barbas,* Carlos Vallejo; 2.as, Pedro Vázquez; *Gracioso,* Manuel de la Baña; Carlos de Villavicencio; Francisco de Fuentes; *Músico,* Pedro Ros; Pedro de Guzmán, *Arpista.*

(El documento lleva fecha de Madrid y mayo 23 de 1687, y es del Archivo municipal, legajo antes citado.)

---

1691.—(Se estrenó *El Duelo contra su dama* el día 18 de enero, por la Compañía de Agustín Manuel, constituída entonces en la siguiente forma)

*Compañía de Agustín Manuel*:

1.ª *Dama,* María de Navas; 2.ª, Agueda Francisca; 3.ª, Teresa de Robles, *graciosa;* 4.ª, Margarita Ruano; 5.ª, Josefa de Cisneros; 6.ª, Angela de León; *Sobresaliente,* María de Cisneros.

*Hombres*: *Primer galán,* Agustín Manuel; 2.º, Damián de Castro; 3.º, Gaspar de Olmedo; 4.º, Francisco del Castillo; *Primer barba,* Carlos Vallejo; 2.ª, Pedro Vázquez; *Primer gracioso,* Matías de Castro; 2.º, Juan de León; *Sobresalientes,* Gregorio Antonio y Rosendo López; *Músico,* Manuel de Villaflor; *Arpista,* Alonso de Flores; Carlos de Villavicencio.

(Esta lista tiene al fin una nota en que todos los incluídos en ella se comprometen a estar todo el año con Agustín Manuel de Castilla.—Archivo municipal: 2-198-17.)

1692.—(Se estrenó *El Esclavo en grillos de oro* el 20 de noviembre, y el 22 de diciembre *Cómo se curan los celos* o sea *Orlando furioso*, en el Buen Retiro, y ambas piezas por la tan citada Compañía de Agustín Manuel constituída entonces en la forma siguiente)·

*Compañía de Agustín Manuel*:

*Mujeres*: 1.ª, María de Navas; 2.ª, Sabina Pascual; Margarita Ruano; Manuela de la Cueva; Angela de León; Catalina Francisca; María de Villavicencio.

*Hombres*: 1.º, Agustín Manuel; 2.º, Damián de Castro; 3.º, Gaspar de Olmedo; Francisco del Castillo; Antonio Ruiz; Hipólito de Olmedo (*gracioso*); Carlos de Villavicencio (2.º *gracioso*); Francisco de Fuentes; Carlos Vallejo (*primer barba*); Pedro Vázquez (2.ª *barba*); Manuel de Villaflor y Juan Bautista Chavarría (*Músicos*).

(Aprobada la lista en 24 de marzo, según consta en el Archivo municipal de Madrid, 2.-200-2.)

---

1693.—(Estreno de *La Piedra Filosofal* el día 18 de enero por la misma Compañía citada, compuesta entonces así):

*Compañía de Agustín Manuel*:

*Mujeres*: 1.ª, María de Navas; 2.ª, Sabina Pascual; 3.ª, Josefa de Salazar; 4.ª, Angela de León; 5.ª, María de Villavicencio; 6.ª, Paula de Olmedo (*sobresaliente*).

*Hombres*: 1.º, Agustín Manuel; 2.º, Damián de Castro; 3.º, Antonio Ruiz; 4.º, Francisco de Castillo; 5.º, Francisco Rico; 6.º, José Antonio; *Barba* 1.ª, Carlos Vallejo; 2.ª, Pedro Vázquez; *Gracioso*, Hipólito de Olmedo; 2.º, Carlos de Villavicencio; *Vejete*, Francisco de

Fuentes; *Músico,* Manuel de Villaflor; *Arpista,* Alfonso de Flores; *Guardarropa,* Juan Antonio Fernández.

(3 de marzo de 1693. El documento hace constar debajo que el 13 de abril se consideró de necesidad entrase en la Compañía de Castilla para 3.ª dama Teresa de Robles, y así se hizo.—Archivo municipal. 2-200-3.)

Estrofas a duo de la comedia

# El Austria en Jerusalem

De Don Francisco de Bances Candamo

Música de
MIGUEL FERRER

**Nota.**—Se sabe que Miguel Ferrer perteneció como músico a la compañía de Damián Polope, y que en 1692 era compositor en unión de Juan Vela.

pro - cu_re el llan - to en tus lá - grimas ver_tér
pro_cu - re el llan - to tu do - lor en tus lá - grimas ver_tér
ESTRIBILLO
¡ Ay mí_se_ra de ti! ¡ Ay mi_se_ra de ti!
¡ Ay mí_se_ra de ti! ¡ Ay mí_se_ra de ti! ¡ Ay mi_se_ra de
¡ Ay mí - se - ra - de ti!
ti! ¡ Ay mí - se_ra ¡ Ay mí - se - ra de ti!
Fin
COPLA A SOLO
Co_mo ya_ce .. tris_te y so_la ciu_dad de tan - to po - der
la se_ño_ra de las gen_tes viu da entre to - dos se vé
D. C. al Estribillo

Cuatro de la misma comedia

Voz 1ª
Voz 2ª
Voz 3ª
Voz 4ª
Acompto
Sal - ve, Sal - ve Santa Ciu -
Sal - - ve, San_ta Ciu-
Sal - - - ve, San_ta Ciu.
Sal - - - ve, San_ta Ciu -
dad, Sal - ve tu a - que - lla de nues_tra fe me - tró - po - li pri - me - ra.
dad, Sal - ve tu a - que - lla de nues_tra fe me - tró - po - li pri - me - ra.
dad, Sal - ve tu a - que - lla de nues_tra fe me - tró - po - li pri - me - ra.
dad, Sal - ve tu a - que - lla de nues_tra fe me - tró - po - li pri - me - ra.

*Música de la zarzuela*

# Fieras de celos y amor

**O cual es la fiera mayor entre los monstruos de amor**

**De Don Francisco Antonio de Bances Candamo**

Canta Polifemo

De autor desconocido

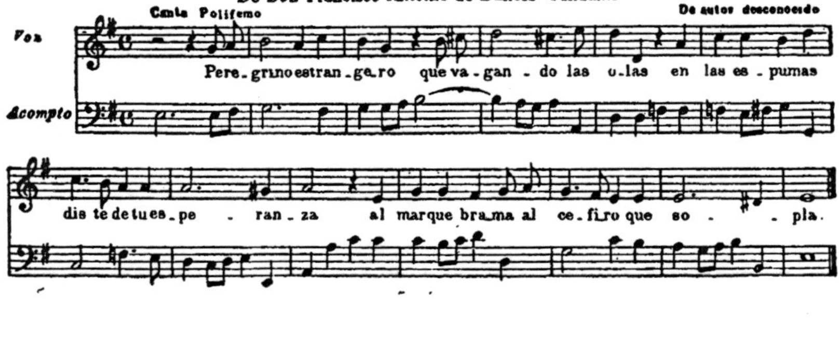
Voz
Acompto
Pere_grino estran_ge_ro que va_gan - do las o_las en las es - pumas
dis te de tu es_pe - ran_za al mar que bra_ma al ce_fi_ro que so - - pla.

[illegible]

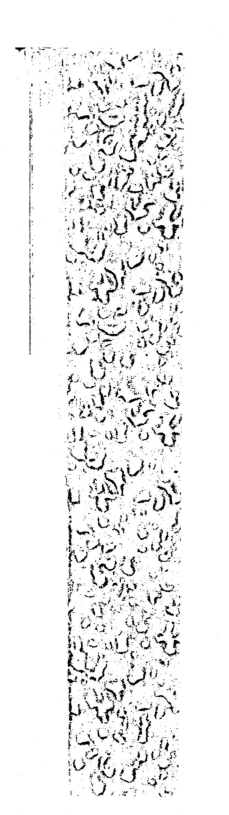

CPSIA information can be obtained
at www.ICGtesting.com
Printed in the USA
LVOW10s0041071017
551546LV00001B/201/P

9 780259 170297